MARCO POLO

Camper Guide

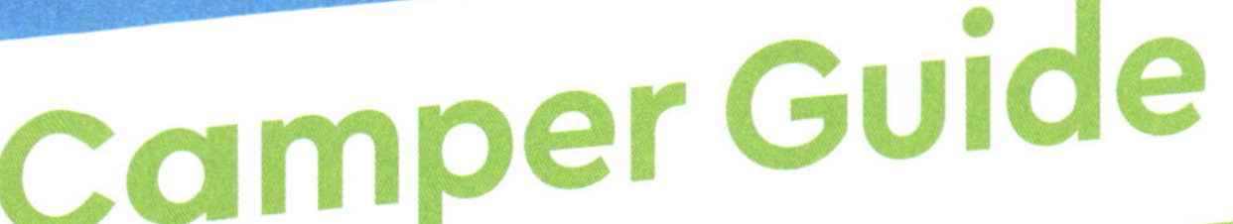

Südtirol, Gardasee & Venetien

Insider-Tipps

Für deine Wohnmobil-Touren

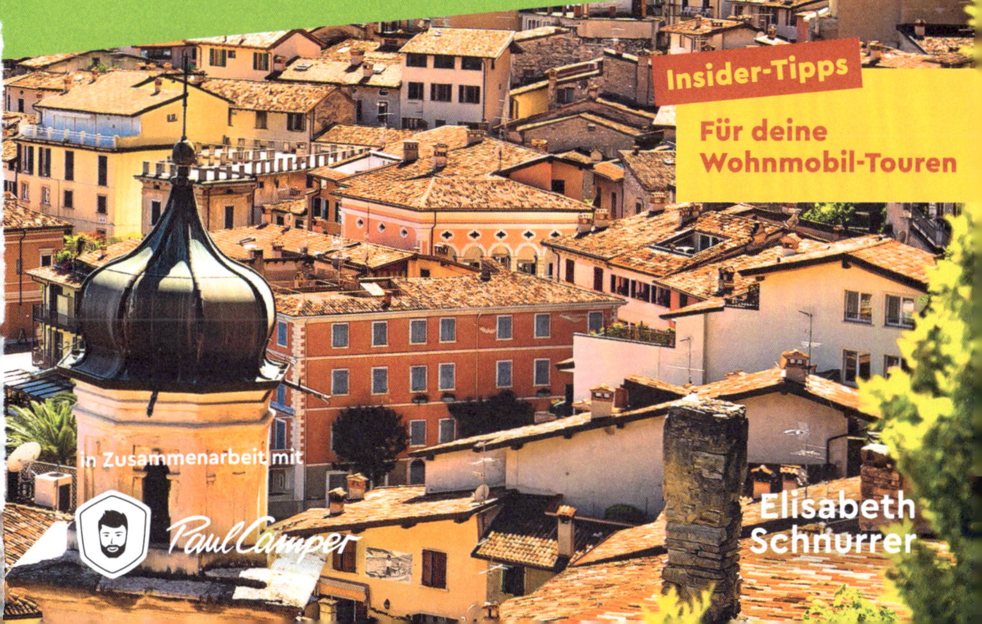

in Zusammenarbeit mit PaulCamper

Elisabeth Schnurrer

Inhalt

Das Beste zuerst

 Insider-Tipp

i Serviceangaben

P Parkplatz

Fototipp

Hunde willkommen

kinderfreundlich

schöne Lage

€–€€€ Preiskategorien

Planen – Packen – Losfahren

Hol dir den Soundtrack zum Urlaub auf **Spotify** unter **MARCO POLO Italy**

Die besten Touren durch Südtirol, rund um den Gardasee & durch Venetien

MARCO POLO Digitale Extras

TOUREN-DOWNLOAD

Alle Touren aus diesem Band
als gpx-Download
zur einfachen Orientierung

marcopolo.de/camper-guide/suedtirol_gardasee_venetien

Trendziele, Inspiration und aktuelle Infos findest du auf
marcopolo.de

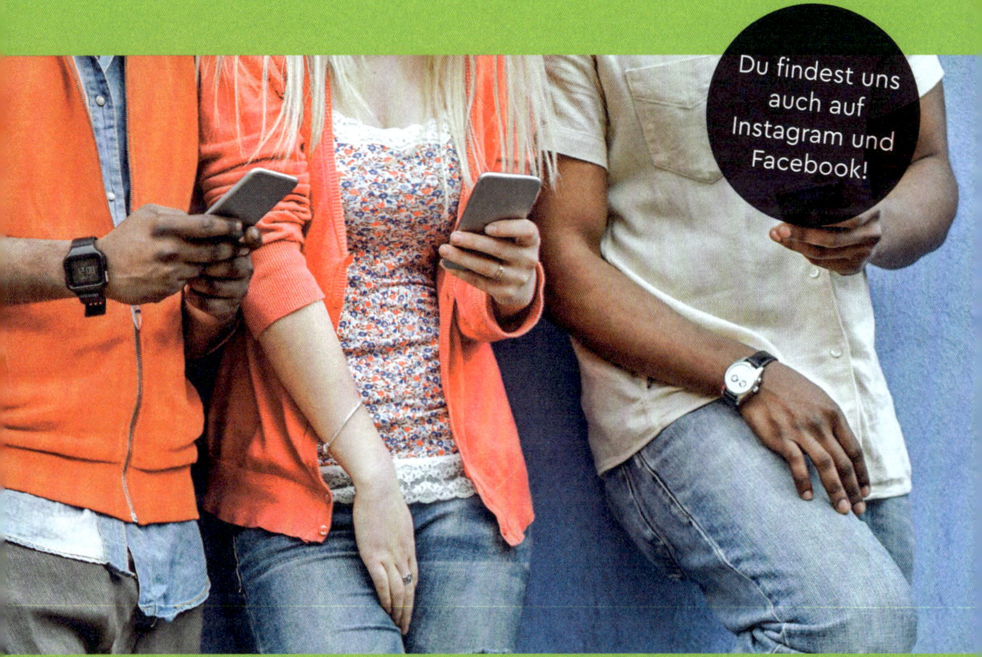

Du findest uns auch auf Instagram und Facebook!

PLAYLIST ZUM ROADTRIP

Den Soundtrack für deinen Urlaub gibt's auf Spotify unter MARCO POLO Italy

Alle Infos zum digitalen Angebot unter marcopolo.de/app

Best of Campingplätze

SCHÖN SCHATTIG

Die beliebtesten Parzellen von Fornella Camping liegen direkt am Seeufer

1 *Für Wissensdurstige*

Plane im **Camping Moosbauer** bei Bozen unbedingt mehr Zeit für deine Aufenthalte in den Gemeinschaftsräumen ein, als Duschen oder Abwaschen eigentlich brauchen, denn überall findest du „Lern-Orte", die dich in ihren Bann ziehen. Schilder und Tafeln informieren unterhaltsam über Nachhaltigkeit sowie über Sprache, Kultur, Natur, Politik, Geschichte, Menschen, Leben und Genießen in Südtirol. ▶ S. 65

2 FÜR SCHWINDELFREIE

Wenn du die Nacht im Schatten einer steil aufragenden Felswand verbringen willst, ist **Camping Daino** im Sarcatal genau das Richtige für dich. Die Ausläufer der Brenta-Gruppe im Trentino nördlich des Gardasees sind ein Paradies für Kletterer. Hier findest du Routen und Steige jeden Schwierigkeitsgrads. Und wenn dir das mal zu mühsam werden sollte, kannst du es mit Basejumpen versuchen. ▶ S. 91

3 Für Gestresste

Das brandneue Spa des Fünf-Sterne-Resorts **Fornella Camping & Wellness Family Resort** auf einer Anhöhe über dem Gardasee bei Salò bietet weite, helle Räume, Wellness- und Beautyangebote, zwei Saunen, Ruheräume, einen Relax-Pool mit Panoramafenster auf den See – und garantiert keinen die himmlische Ruhe störenden Funkempfang. ▶ S. 103

4 Für All-Inclusive-Sommercamper

Ein Campingplatz wie eine Kleinstadt. Der **Union Lido** an der Lagune von Venedig hat 25 Restaurants und Bars, zwei Aquaparks, Fitness, Beauty, Disko, Shoppingcenter – und nicht zu vergessen einen 80 m breiten und 1,2 km langen Sandstrand. Camper müssen den Platz den ganzen Urlaub über nicht verlassen, die obligatorische Venedig-Visite ausgenommen. ▶ S. 161

5 FÜR PURISTEN

Pool, Supermarkt, Strandkörbe, Animation? Musst du gar nicht erst suchen, das gibt es alles nicht auf dem **Camping Ai Pioppi** am Rand der Kleinstadt Gemona del Friuli. Stattdessen kannst du völlig ungestört und so lange du willst einen Kaffee – oder zwei oder drei – in der Bar am Eingang trinken, die der Besitzerfamilie Forgiarini auch als Campingbüro dient. Wer auf dem überschaubaren, langgestreckten Platz in leichter Hanglage hinter der Bar sein Zelt aufschlägt oder den Camper parkt, will in der Gegend in den Karstbergen des Monte Chiampon und im Val Canale, dem 23 km langen österreichisch-italienischen Kanaltal, wandern und radfahren. Oder in aller Ruhe auf dem Platz im Schatten „seines" Baums ein Buch lesen – und sich über die Entschleunigung freuen. ▶ S. 179

Entdecke Südtirol, Gardasee & Venetien

SEXTEN ODER SESTO?

Die Wegweiser in Südtirol sind alle zweisprachig

Gerade mal 50 km Luftlinie liegen zwischen dem bayerischen Süden Deutschlands und der italienischen Seite des Brenners. Ein Klacks für Nordlichter mit Italien-Sehnsucht, auch wenn sich die Alpen noch querlegen. Aber die sind schnell überwunden, wenn es in Camper oder Wohnmobil nach Süden geht, die Sonnenbrille schon griffbereit. Die brauchst du auch, beim Sporteln in den Südtiroler Bergen ebenso wie beim Baden und Flanieren an den Stränden der venezianischen Adria oder beim Wandern und Windsurfen am Gardasee. Abends, bei Pizza, Pasta und einem guten Vino bianco o rosso, kannst du sie ja ablegen.

Bëgnodüs und Ariviodisi

Das heißt „Hallo" auf Ladinisch und „Tschüss" auf Furlan. Klar sprechen die Leute in Italien Italienisch, im Alpenraum aber eben auch von jeher Deutsch und Ladinisch. Beides sind heute Amtssprachen, auch wenn, vor allem weiter südlich, nicht alle Südtiroler zweisprachig sind. Fersentalerisch, Zimbrisch und im Friaul Furlan sind anerkannte Minderheitensprachen. Doch diese salomonische Regelung ist hart errungen. Als Südtirol 1919 vom habsburgischen Österreich-Ungarn zu Italien kam, begann eine rücksichtslose Italianisierung. Ab den 1950er-Jahren forderten die Südtiroler dann unter dem Motto „Los von Trient!" die ihnen zugesicherte Selbstbestimmung. Die Lösung brachte das von der UN angeregte und 1972 verabschiedete Südtirol-Paket, Grundlage des erst 1992 vollständig umgesetzten Autonomiestatuts. Ein großes Glück, nicht nur, weil du darum heute „Guten Morgen" wünschen kannst, *Buongiorno* oder eben *Bëgnodüs*.

Giro d'Italia für dich und mich

Du schaltest runter, damit du im Camper die Passstraße hochkommst, aber die Rennradler vor dir bleiben im Takt. Unglaublich, was diese Sportfans leisten. Auf den schnurgeraden Landstraßen der Po-Ebene entpuppen sie sich als Kilometerfresser, in den Bergen macht die Technik den Sieger. Und ganz sicher lassen sie sich nicht von Autos und Vans bedrängen. Merke: Der *Ciclista* teilt die Straße mit dir, nicht umgekehrt.

ALLTÄGLICHE KUNST-RALLYE

Meisterwerke heimischer Künstler verstecken sich hier nicht in den Museen, wie nebenher entdeckst du sie in den Kirchen, Burgen, Palästen oder buchstäblich am Wegesrand. Gotische Schnitzaltäre und Fresken von Pacher, Renaissance-Gemälde von Tizian, Bauwerke seines Zeitgenossen Palladio, Barock- und Rokokobilder von Tiepolo (Vater und Sohn) und und und ...

Es gibt Reis, Baby!

Als Tizian ab 1500 in Venedig Karriere machte, wurde in der Po-Ebene nebenan bereits Reis angebaut. Von Hand gesetzt und gehegt von den *Mondine*, Saisonarbeiterinnen, die sich von Frühjahr bis Spätsommer in drückend-schwülem Klima auf den gefluteten Feldern gebückt um die Pflanzen kümmerten (ital. *mondare*). 280 000 Frauen waren das noch in den 1950er-Jahren. Regisseur Federico Fellini und seine Hauptdarstellerin Silvana Mangano setzten ihnen im Film „Riso Amaro" („Bitterer Reis") von 1949 ein filmisches Denkmal. Seitdem haben Maschinen die harte Arbeit übernommen, aber erstklassiger Balilla, Arborio und Baldo sowie Carnaroli, die Königin der Risotto-Reissorten, kommen nach wie vor von hier aus der Lomellina.

AUF EINEN BLICK

29 853 km²

Fläche Südtirol und Venetien

[Brandenburg: 29 654 km²]

75 %

der Fläche Italiens bestehen aus Hügeln und Bergen.

7,2 Mio.

Einwohner Südtirol und Venetien

[Brandenburg: 2,5 Mio.]

1,5 Mio. t

ITALIENISCHE JAHRESPRODUKTION REIS

[China 210 Mio. t]

38 km

LÄNGE ALLER KANÄLE IN VENEDIGS ALTSTADT

14 Milliarden Espressi

JAHRESKONSUM IN ITALIEN

43 l Wein

JAHRESKONSUM PRO KOPF IN ITALIEN

[Frankreich 42,2 l, Deutschland 20,7 l]

40 Mio. Touristen

besuchen Italien jährlich. Damit ist es das fünftmeistbesuchte Land der Welt.

281 Campingplätze

listet der ADAC in Trentino-Süditirol, Venetien-Friaul und am lombardischen Gardasee-Ufer.

BELLA FIGURA IM BEL PAESE

Armani, D&G, Gucci, Moschino, Prada, Versace – italienische Mode ist weltweit ein Begriff. Das Stilempfinden italienischer Frauen und Männer ist legendär, gepflegtes Äußeres gehört auch im Alltag zum guten Ton. Aber keine Bange, du musst dich im Urlaub nicht aufbrezeln, um mitzuhalten. Die Frotteesocken solltest du allerdings vielleicht besser zu Hause lassen.

Angewandte Relativitätstheorie

Zeit ist relativ, besonders in Italien. Versuch zum Beispiel nur mal, dich mit Locals für eine bestimmte Uhrzeit zu verabreden. Manchmal klappt das, öfter nicht. Eine Viertelstunde mehr oder weniger ist für alle immer drin, das nimmt niemand krumm. Meist vorbildlich pünktlich ist dagegen die italienische Bahn Trenitalia.

Schätze erben leicht gemacht

Was haben die Lagunenstadt Venedig, der Romeo-und-Julia-Schauplatz Verona und die säulenreiche Altstadt von Vicenza gemeinsam, außer ihren Anfangsbuchstaben? Genau, alle drei gehören zum Unesco-Welterbe. Mehr davon liegt auf deiner Reise buchstäblich am Wegesrand, immerhin führt Italien diese prestigeträchtige Liste mit 55 Einträgen an. Einzigartige Landschaften sind darunter wie die Dolomiten, das Po-Delta und Venetiens „Prosecco-Hügel", aber auch Kultur-Highlights wie die Sternfestungen von Palmanova und Peschiera del Garda oder der Botanische Garten von Padua. Auch zeitlich ist der Bogen weit gespannt, von den prähistorischen Pfahlbauten am Ledrosee über den Tempietto Longobardo in Cividale bei Udine bis zu den Renaissance-Villen von Andrea Palladio. All diese Top-Sights haben es verdient, in deine persönliche To-visit-Liste aufgenommen zu werden.

PRICKELNDE LANDSCHAFT

Die Colline del Prosecco (Prosecco-Hügel) befinden sich in Venetien in der Provinz Treviso

Essen & Trinken

SENZA LATTE

In Italien ein No-Go: nach dem Essen einen Cappuccino trinken, da die Milch das Aroma der Speisen zerstören soll

In Italien verdient das Essen besondere Aufmerksamkeit, immerhin gehört die italienische Küche seit 2010 zum immateriellen Kulturerbe der Menschheit. Genießer verwenden viel Zeit darauf, mittags und vor allem abends ausgiebig und gut zu essen. Um all die regionalen Spezialitäten, die hausgemachte Pasta, die Risotti mit heimischem Reis, das knackige Gemüse, das zarte Fleisch, den frischen Fisch und die raffinierten Meeresfrüchte sowie den passenden Wein gebührend zu würdigen, gibt's nur eins: Mit gutem Appetit alles probieren. *Buon appetito*!

Kaffeekultur

Häufiges Missverständnis: „Kaffee" bestellt, *Caffè* erhalten, also einen Espresso. Gemeint war ein *Caffè americano*, mit Milch *con il latte*, mit Zucker *con lo zucchero*. Kräftiger schmeckt oft ein *Caffè lungo*, also ein mit heißem Wasser aufgegossener, „verlängerter" Espresso. Mit der halben Menge Wasser ist es ein *Ristretto*, ein doppelter Espresso heißt *Doppio*. Dazu kommen *Cappuccino*, *Caffè latte* und *Latte macchiato*. Ein *Caffè macciato* ist ein Espresso mit Milchschaum, *Caffè Coretto* ein Espresso mit einem Schuss Grappa oder Amaretto. Kaffee ist überall absolut erschwinglich, solange er am Tresen getrunken wird, denn dafür legt jede Kommune einen Höchstpreis fest: Der liegt bei etwa 1 € für das Tässchen Espresso und 1,40 € für einen Cappuccino. An den Tischen sind die Preise nicht reglementiert.

Restaurantsuche für Pfadfinder

Eine Pizza bekommst du in der *Pizzeria* oder auch (zum Bier) in einer *Birreria*. Anders in einer *Spaghetteria*, wo eben Spaghetti- und weitere Nudelgerichte (*Pasta*) auf den Tisch kommen, oder in einer auf Reisgerichte spezialisierten *Risotteria*. Einfache Kost gibt es in jeder *Osteria*, mehr Aufwand betreibt die oft lokal ausgerichtete Küche einer *Trattoria* und für das volle Programm wählst du ein *Ristorante*. Zumindest Kleinigkeiten zum Essen und Knabbern gibt es in der *Enoteca* oder *Vinceria*, beides klassische Weinlokale. Schnelle Hunger-Lösungen bieten Imbisse wie *Paninoteca* (warme belegte Panini-Brötchen), *Piadineria* (kalte belegte Fladenbrote), *Rosticceria* (Frittiertes und Gegrilltes) oder eine *Pizza al taglio* (Pizzastück auf die Hand). Den Appetit auf Süßes stillst du in einer *Pasticceria*, jede mit ihrer meist überwältigenden Auswahl eine Klasse für sich.

WAS, WANN UND WIE VIEL

Ein italienisches Frühstück (*Colazione*) ist schnell erledigt, Kaffee, Hörnchen, fertig. Auch das Mittagessen (*Pranzo*) wird eher zügig absolviert, selbst wenn es sich um ein *Menu lavoro* handelt, ein Menü zum günstigen Festpreis. Die große Show läuft abends (*Cena*), selten vor 20 Uhr. Dann werden Vorspeisen (*Antipasti*), zwei Gänge (*Primi piatti*: Pasta, Risotti; *Secondi piatti*: Fleisch, Fisch), süße Nachspeisen (*Dolci*) und *Caffè* gern stundenlang zelebriert.

Trinkgeld und Gedeck

Trinkgeld (*Mancia*) wird nicht erwartet, zumal nicht beim Kaffee zwischendurch. Als Anerkennung in Speiselokalen sind aber 5–10 % in Ordnung. Der Service kommt als eigener Posten dazu und wird mit dem *Coperto*, dem Aufgeld für das Gedeck, auf der Rechnung ausgewiesen.

MENÜKARTE

Vorspeisen

Vitello tonnato
Dünne Kalbfleischscheiben in Thunfischsauce

Sauté di cozze e vongole
Mies- und Venusmuscheln mit Knoblauch und Zitrone

Polenta stesa
Maisgriesbrei mit Tomatensauce und Fleischragout/Räucherwurst

Hauptgerichte

Tris di Canederli
Semmelknödel-Trio, klassisch mit Speck, Käse und Spinat

Tagliatelle ai frutti di mare
Bandnudeln mit Meeresfrüchten

Pasta alla carbonara
Spaghetti, Rigatoni, Bucatini ... mit Speck in Ei-Käse-Sauce

Risotto alla milanese
Cremiges Risotto mit Safran

Pollo alla campagnola
Schmorhuhn in Tomaten-Erbsen-Sauce

Cotoletta alla milanese
Paniertes Kalbskotelett

Granseola alla Venezia
Gekochte Meeresspinne mit Karotten-Sellerie-Farce

Desserts

Panna Cotta
Sahnepudding mit Erdbeer- oder Schokoladensauce

Tiramisù
Löffelbisquit, Mascarpone, Espresso, Kakaopulver

Crostata al Limon
Mürbeteigtarte mit Limonenaufstrich oder Fruchtmarmelade

Getränke

Caffè macchiato nel vetro
Espresso im Glas mit etwas Milch

Bellini
Prosescco mit Pfirsichpüree

Cedrata
Spritzige Zitronenlimo a la italiana

RICHTIG EIS BESTELLEN

Wenn du eines dieser sagenhaft guten *Gelati* bestellst, ist nicht die Frage, wie viele Kugeln du willst, sondern wie groß die Waffel (*Cono*) oder der Becher (*Coppetta*) sein soll. Je nachdem, wie viel Eis darin Platz hat, bestimmst du die Geschmacksrichtungen. Zwei sind es selbst in der kleinsten Version eigentlich immer. Die *Gelatieri* nutzen für das Austeilen einen Spatel, so werden die Eisportionen oft unerwartet groß.

Wein-Wahrheiten

45 Millionen Hektoliter Wein pro Jahr katapultieren Italien ins Spitzenfeld der Weinhersteller weltweit, mit Friuli-Venezia Giulia, Veneto und Trentino-Alto Adige als Top-Produzenten, mengenmäßig und qualitativ. Bleib also beim Wein regional: Amarone, Bardolino, Breganze oder Schioppettino sind einfach fantastisch!

Gourmet-Straßen

Genussmenschen auf der Suche nach regionalen Spezialitäten lieben die Gourmet-Straßen Italiens. Leckeres von und mit Kastanien etwa findest du entlang des **Eisacktaler Keschtnwegs** zwischen Kloster Neustift und Burg Runkelstein, vor allem beim herbstlichen Törggelen. Im südlichen Trentino widmet sich die **Strada dei Formaggi delle Dolomiti** (*tastetrentino.it*) würzigem Bergkäse, von Sirmione bis Gardone Riviera führt die offizielle Olivenöl-Route **Strada dell'Olio Garda DOP** (*oliogardadop.it*). Beste Risotti bieten **Strada del Riso** (*stradelriso.com*) und **Strada del Riso Vialone** (*stradadelriso.it*) südlich von Verona, überraschende Salatvielfalt die **Strada del Radicchio** (*stradadelradicchio.it*) um Treviso. Prickelnd geht es im Friaul zu an der **Strada del Prosecco** (*prosecco.it*) zwischen Valdobbiadene und Conegliano. Alles ohne Etikettenschwindel dank I.G.P., Indicazione Geografica Protetta, und D.O.P. (Di Origine Protetta).

KNACKIG & BITTER

Der längliche Radicchio tardivo kommt aus dem Umland von Treviso

Trend- & Funsport

VORSICHT, GONDEL!

Sogar in manchen Kanälen von Venedig ist SUP erlaubt

Stand-up-Paddling

Wann? Hauptsächlich Sommer, im Trockenanzug das ganze Jahr über

Wo? Alle ruhigen Seen, Flüsse und Kanäle. Sehr schöne Reviere sind z. B. Garda- und Ledrosee, Caldonazzo-, Levico- und Barcissee, die Flüsse Piave und Tagliamento sowie die Lagune (Gezeiten bedenken!) und die Kanäle von Venedig (Gondoliere beachten und Zeitenregelung wg. Schiffsverkehr, Sonntag geht immer).

Wie? Es herrscht Schwimmwestenpflicht. Verleih an jedem SUP-Spot.

Schneeschuh-Wandern

Wann? Je nach Höhenlage und Witterung von Oktober bis April

Wo? Im Winter ganz Südtirol, von der Ortler-Region im Westen über Seiser Alm und Kronplatz bis zur Plätzwiese im Osten und alle Täler dazwischen. Toll auch die Berg-See-Kombi zwischen Ledrotal und Alto Garda.

Wie? Schnall dir Schneeschuhe unter deine normalen Wanderstiefel und los geht's. Für dein erstes Mal leihst du dir am besten passende Schneeschuhe beim Skiausrüster.

Klettern

Wann? Trockene Tage von Frühjahr bis Frühherbst

Wo? Top-Spot ist das Sarcatal nördlich des Gardasees zwischen Arco und Sarche. Einer der vielseitigsten Plätze zwischen den Felszacken von Colodri und Piccolo Dain ist z. B. die Ostwand des Monte Brento (hier kannst du auch basejumpen). Das will was heißen bei der Kletterrevier-Konkurrenz von der Tschenglser Hochwand bei Sulden bis zum Val Rosandra bei Triest.

Wie? Toprope, T5, Free Solo, Bouldern, Routen von I bis XII ... alles dabei für Anfänger und Profis. Vor Ort bieten so gut wie alle Alpinschulen und Bergführer Grund- und Vertiefungskurse für Klettern im Fels, z. B. *alpinguide.com*. Infos und Tipps für Sarcatal und Dolomiten findest du auf *klettern-sarcatal.com*.

Mountainbiken

Wann? Mit den richtigen Reifen und angemessener Kleidung für die jeweilige Witterung und Jahreszeit 365 Tage im Jahr möglich

Wo? Stellvertretend für die wirklich unzähligen Trails in den Bergen Südtirols, Friauls, Venetiens und um den Gardasee sei hier Cortina d'Ampezzo genannt mit dem Tutti-Frutti-Supertrail zwischen Sella und Marmolada, 9,9 km und 1049 Höhenmeter bergab, etwa die Hälfte Trail.

Wie? Trail Finder, Spot-Check, Erlebnisberichte ... viele Anregungen und Infos zu den MTB-Regionen Vinschgau, Gardasee und Dolomiten findest du auf der Website *mountainbiker.it*. Die Rad-Infrastruktur in der Region ist durchweg gut ausgebaut, inklusive Verleih, E-Bike-Ladestationen und Transfer-Shuttles.

RECHTS DIE BERGE

Mountainbiking in den Dolomiten wird mit grandiosen Ausblicken belohnt

Die besten Touren Südtirol, Gardasee & Venetien

HIMMEL & BERGE
Nationalpark Drei Zinnen in den Südtiroler Dolomiten

Alle Touren im Überblick

Hallein
A10
A9
Kapfenberg
Leoben
A9
S36
Österreich
Domherren und Dolomiten auf der Sonnenseite der Alpen
Seite 50
Wolfsberg
KLAGENFURT
Villach
A11
Bergkommunen und Adria-Glamour
Seite 162
Wöllan
A23
F
Von Cortina d'Ampezzo nach Triest
LJUBLJANA
22
UDINE
PORTENAU
GÖRZ
A2
A34
Neustadtl
A28
Slovenija
Monfalcone
Portogruaro
RA13
24
A3
23
TRIEST
Grado
Golfo di Trieste
Lido di Jesolo
Wasserspaß süß und salzig
Seite 136
Koper / Capodistria
A7
A6
20
G
RIJEKA
A8
Mar Adriatico
Hrvatska
30 km

WASSERTURM

Der Kirchturm von Alt-Graun im Rechen-Stausee steht seit 1950 im Wasser

Äpfel, Gletscher, Wasser, Wein **Vom Reschenpass nach Tramin**

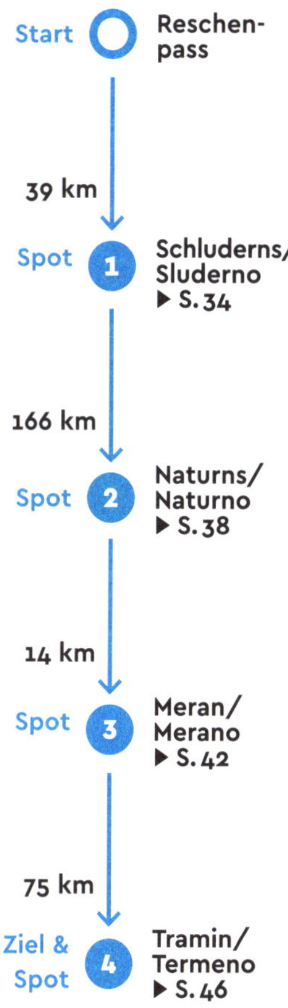

Über die Alpen hast du es schon mal geschafft, jetzt beginnt so richtig deine Reise in den Süden. Auch wenn du zunächst noch durch das schön-herbe Vinschgauer Apfelland ostwärts tuckerst. Noch einmal schnupperst du Höhenluft beim Fast-Viertausender Ortler, dann bringt das frühlingsmilde Meran die Klimawende. Hier kannst du trotz Alpen-Arena die dicke Jacke ein- und beim Kalterer See die Badesachen auspacken. Am Tourziel bist du schließlich in Tramin im Etschtal, Heimat des Gewürztraminers.

Strecke 294 km

Reine Fahrzeit 7 Std.

Streckenprofil Durchgängig gut fahrbare Staats- und Provinzstraßen, um Meran autobahnähnlich ausgebaut, in Tälern zwei- und oft einspurig, stellenweise steile Anstiege und sehr kurvig

Empfohlene Dauer 6 Tage

Anschlusstouren B C

FACTS

Tour A im Überblick

Sölden
Österreich
Naturpark Ötztal
Tour-Highlights
Von Reschen bis Tramin auf der *Alpinen Straße der Romanik* cruisen ▶ S. 26
Gletscherski fahren am *Ortler* ▶ S. 28
Alle Saunaaufgüsse in der *Therme Meran* mitmachen ▶ S. 43
Sich beim Egetmann-Umzug in *Tramin* anschwärzen lassen ▶ S. 47
archeoParc - Ötzi Museum
Naturpark Texelgruppe - Parco naturale Gruppo di Tessa
Dorf Tirol - Tirolo
3
Meran/Merano
Seite 42
2
Kastellbell - Castelbello
Sarnthein - Sarentino
Lana
Latsch/Laces
Naturns/Naturno
Seite 38
SS38
St. Walburg - Santa Valburga
Nals - Nalles
Terlan - Terlano
BOZEN - BOLZANO
A22
Karneid - Cornedo all'Isarco
Mendelpass/Passo della Mendola
Canyon Rio Sass in Fondo
Laives - Leifers
Kaltern/Caldaro
Kalterer See/Lago di Caldaro
Aldein - Aldino
A22
Malé
Auer - Ora
Tramin/Termeno
S. 46
4

A Tourenverlauf

Start

Reschenpass/Passo di Resia

25 km

Kaum im Land deiner Urlaubsträume angekommen, geht es ständig bergab. Vom 1507 m hohen Reschenpass aus muss das aber genau so sein, lass also ruhig laufen auf der SS40. Bis du ganz automatisch auf die Bremse trittst, wenn du rechts, in Ufernähe, aber doch mitten im blaugrünen **Reschen-Stausee**, die obere Hälfte des viereckigen **Kirchturms von Alt-Graun** aufragen siehst. Der bizarre Anblick wäre schön, wenn er nicht 1950 durch die Zwangsflutung des fruchtbaren Talbodens und des Dorfes Graun entstanden wäre. Das Trauma ist unvergessen, obwohl mittlerweile Angler, Segler, Kanuten, Kitesurfer und sonstige Freizeitsportler den Reschensee gern nutzen.

„Atlantis der Berge": Mach dir ein eigenes Bild vom „versunkenen Kirchturm" im Reschensee (GPS 46.81097, 10.53763).

Gemächlich zuckelst du auf der SS40, die der römischen Via Claudia Augusta folgt, weiter nach Süden. Sobald du dich, einigermaßen überraschend, in weite, aber durchaus anspruchsvolle Straßenkurven legen musst, blitzen am grünen Hang rechts hinter Burgeis die vielfenstrigen weißen Mauern von Kloster Marienberg auf.

Kloster Marienberg und Erlebnisberg Watles

Vage erinnert die talseitige Fassade der **Abbazia di Monte Maria** (*Kloster und Museum 5,50 €, Kinder bis 14 J. frei | Mitte März–Okt. Mo–Sa 10–17 Uhr, Krypta nur mit Führung und Anmeldung | marienberg.it*) an den Potala-Palast des Dalai Lama, auch wenn hier Benediktinermönche die Religionsfahne aufrecht halten. Das tun sie schon seit 1150, die Klostergruft mit eindrücklich ernsten Mönchs- und Heiligenfresken aus dieser Zeit ist eine prominente Station auf der **Alpinen Straße der Romanik** (*stiegenzumhimmel.it*) durch Südtirol. Die Klostertour kannst du sehr schön verbinden mit einem Ausflug zum Erlebnisberg Watles, dem Ski- und Wanderplateau am Ende der Schlining-Bergstraße. Hier macht dir die Watles-Seilbahn den Aufstieg zur Plantapatschhütte auf 2150 m leicht (*Ende Mai–Okt. tgl. 8.30–12.30 und 13.15–16.30, Juli–Anf. Sept. 8.30–17.30 Uhr | Berg- und Talfahrt 15 €, Fam. 44 € | watles.net*).

Insider-Tipp
Kombiticket Spirit & Sport

Kombiticket „Museum und Bergbahn" für Klostermuseum und Berg- und Talfahrt mit der Watles-Seilbahn (Ende Mai–Okt. 16 €).

14 km Von Watles zurück im Etschtal fährst du, an der angenehmen Marktgemeinde Mals vorbei und durch die grünhügelige Malser Haide, nach Schluderns.

Spot 1

Schluderns/Sluderno

Ritter-Romantik im Zeichen der Burg ▶ **S. 34**

18 km Nach reichlich Mittelalter-Flair in und um Schluderns ist es Zeit für mehr Naturerleben. Also nichts wie rauf in den nördlichen Teil des riesigen **Nationalparks Stilfserjoch** (*nationalpark-stelvio.it*). Dafür ab Spondinig auf der SS 38 ins Trafoier Tal rechts abbiegen. Kurz vorher kommst du am Pferdehof Ansteingut vorbei, den du vom Spot Schluderns aus besuchen kannst ▶ S. 35. Im Tal immer geradeaus bis Trafoi.

Trafoi

Im Bergdorf am Fuß des Ortler-Massivs und der Trafoier Eiswand erfährst du im **Naturparkhaus naturatrafoi** alles über das „Leben an der Grenze", also im Hochgebirge (*Jan.–März u. Mai–Okt. Di–Sa 9.30–12.30 u. 14.30–18, Juli/Aug. auch So 14.30–18 Uhr | 3 €, Kinder 2 € | Trafoi 13/A, Stilfserjochstraße | naturatrafoi.com*). Wenn dich das **Stilfserjoch** lockt, kannst du gleich hier loswandern oder mit dem Bike die restlichen 46

BERGE, TIERE, SENSATIONEN

Das Naturparkhaus naturatrafoi ist auch für Kinder spannend

EIN SCHMALER GRAT

Montainbiker am Stilfserjoch in den Ortler-Alpen

der berühmten 48 Kehren hochklettern. Für Gespanne und generell im Winter ist die Passstraße gesperrt, sonst ab Trafoi gebührenpflichtig (*10 € für Kfz bis 3,5 t zHG*).

P *Parkplatz Trafoi | SS38 (an der Bushaltestelle) | GPS 46.55195, 10.51042*

14 km Wahrscheinlich willst du nun mehr sehen vom Naturpark Stilfserjoch. Dazu nimmst du auf deinem Rückweg bei Gomagoi die rechts spitzwinklig abzweigende SS622, die sich in stetem Auf und Ab hochschraubt nach Sulden, dem touristischen Hauptort der hiesigen Ortler-Region.

Nationalpark Stilfserjoch/Parco Nazionale dello Stelvio

1307 km² groß ist der Natur- und Nationalpark um das grandiose Ortler-Massiv mit 14 Dreitausendern, Gletschern und reichlich Skiabfahrten, Wander- und Trekkingrouten. Ein Gespür dafür bekommst du im „eisigen" **Messner Mountain Museum MMM Ortler** (*4. So im März–2. So im Okt. Mi–Mo 14–18, Juli/Aug. ab 13 Uhr | 8 €, Kinder 4 € | Forststr. 32/A | Sulden | messner-mountain.museum.it*). Danach kannst du dich mit einer der Seilbahnen aufmachen, dem „König Ortler" persönlich gegenüberzutreten (*Parkplatz Talstation Seilbahn Sulden GPS 46.51506,*

10.59643 | z. B. 4-Tage-Ticket Sommer 41 €, 4-Tage-Skipass Ortler Skiarena 179,50 € | seilbahnensulden.it, ortlergebiet.it).

25 km Von Sulden aus fährst du, wie du gekommen bist, über Prads zurück ins breite Etschtal, wo du dich am Kreisel bei Spondinig rechts hältst und weiterhin auf der SS38 das Marmordorf Laas ansteuerst.

Laas/Lasa

Straßenbelag, Fenstersimse, Brückengeländer, Denkmäler: Wohin du auch schaust, glitzert in diesem Dorf alles weiß. Die Pracht hat auch im Hochsommer Bestand, denn hier liegt nicht etwa Schnee, sondern das Baumaterial ist blütenweißer Marmor, der vor Ort abgebaut wird. Details erfährst du bei einer **Marmor-Erlebnisführung** (*Palmsonntag–1. So im Nov. Di u. Do 10.30, Fr 13.45 Uhr | 9 €, Kinder 4 € | marmorplus.it | 2,5 Std. ab Bahnhof Laas, Anmeldung erforderlich*). Die ganztägige **Marmor-Tour** (*Mi 9 Uhr | 45 €, 11–16 J. 30 €*) bringt dich und andere trittsichere Steinfreunde sogar zum Ursprung des „weißen Goldes", hinauf vor den Weißwasserbruch.

61 km Vorbei am geschäftigen Verwaltungszentrum Schlanders geht es auf der SS38 immer weiter nach Osten. Sollte dich die Lust auf Erdbeeren überkommen, mach einfach beim Kreisverkehr bei Km 169 einen Abstecher nach Süden ins **Martelltal**. Hier wachsen im Sommer die süßen Früchtchen selbst in fast-alpinen Höhenlagen. Außerdem kannst du auf zahlreichen Wanderwegen im ganzen Val Martello sehr schön „auslüften" (*Parken: Parkplatz Hintermartell | Martelltal | GPS 46.48850, 10.68724*). Wieder im Haupttal, führt die SP90 parallel zur SS38 noch rund 3 km weiter nach Latsch.

Latsch/Laces

Das Dorf ist bekannt für seinen einzigartigen **Jörg-Lederer-Schnitzaltar** mit einem trauernden Gottvater. Du findest das anrührende Kunstwerk aus dem 16. Jh. in der Spitalkirche zur Hl. Dreifaltigkeit (*Mitte April–Anf. Nov. Mo–Sa 9–17 Uhr | Eintritt frei/Spende | Hauptstr. 57*), musst dafür allerdings über das Gelände des benachbarten Altenheims (Casa di Ricovero) gehen.

P *Parkplatz Hauptstraße/Kugelgasse | Latsch | GPS 46.61792, 10.86135*

Ⓐ Tourenverlauf

25 km Burgen und Schlösser an oder, wie Kastellbells, direkt über der SS38 bestimmen deinen Weiterweg Richtung Naturns. Kurz bevor du den Kurort erreichst, biegst du links ins **Schnalstal** ab, wo du Ötzi im archeoParc ganz nahe kommen kannst.

archeoParc – Ötzi Museum

Na, kannst du mit Pfeil und Bogen jagen, ein Feuer entfachen, Einbaum paddeln? Falls nicht, hättest du es in der Jungsteinzeit nicht weit gebracht. Ötzi konnte das sicher alles. Seine Eismumie wurde nicht weit von dem ihm gewidmetem Hands-on-Freilichtmuseum beim Hauslabjoch im oberen Schnalstal gefunden.

i *Ostern–Allerheiligen So–Do 10–17 Uhr | Überblick 6 €, Kinder 5 €, Fam. 18 €; Parcours 1–3 (inkl. Besucherwerkstatt) 14 €, Kinder 12 €, Fam 42 € | geführte Tagestour zur Ötzi-Fundstelle 140 € | Unser Frau 163 | Schnals | archeoparc.it*

23 km Plane ausreichend Zeit ein, denn bevor du im Schnalstal das Ufer des romantisch gelegenen **Vernagt-Stausees** erreichst, kannst du noch die **Sommergalerie im Silentium Karthaus** besuchen (*Mitte Juli–Aug. tgl. 14–18.30, So zusätzl. 10–12 Uhr | Eintritt frei | Kartaus 100 | kulturverein-schnals.it*). Was für ein Glück, dass am Ende eines solch abenteuerlichen Aktivtages Naturns mit allem Ferienkomfort wartet.

Spot 2

Naturns/Naturno
Sonniges Plätzchen für Schaukler und Sportler ▶ **S. 38**

14 km Ein wirkliches Kontrastprogramm führt von Naturns, noch ganz im Zeichen der Berge, südwärts in die für ihr mildes Klima bekannte Kurstadt Meran. Fahr am besten von der SS38 ab über das Weindorf **Algund** ein, in dem witzigerweise Forst, Südtirols größte Bierbrauerei, ihren Sitz hat.

Spot 

Meran/Merano
Skipiste meets Palmwedel in Sisis Kurstadt ▶ **S. 42**

Optionaler Anschluss: Tour Ⓑ

40 km Für die Weiterfahrt nimmst du in Meran die Gampenstraße stadtauswärts Richtung Untermais. Ihr folgst du auch unter ihrem „Alias" SS238 über Stadtautobahn MeBo (Meran–Bozen) und Etsch hinweg südwärts, immer den Schildern „Gampenpass" nach. Die ganze Zeit über gelten 50 Stundenkilometer, weil Meran hier ganz unspektakulär in Lana übergeht, die Nachbargemeinde am Eingang des Ultentals. Das Hinweisschild dorthin ignorierst du aber und bleibst weiter der SS238 treu, die hinter Lana nun doch deutlich ansteigt und vollends aus dem Meraner Talkessel heraus nach Höherem strebt. In Naraun geht es links über Tisens, Nals und Andrian nach Eppan, auch schön zu fahren, aber du wählst die bessere Alternative und bleibst auf dem rechten Weg. Der führt über den **Gampenpass** und ist eine der schönsten Routen, die du auf dem Weg ins Unterland nehmen kannst. 28 km, von Gfrill bis Mendel, erfährst du hier eine bezaubernde Berglandschaft, wild und lieblich zugleich, mit Misch- und Lärchenwald, Wiesen, Seen und Wasserfällen, freundlichen Gasthäusern und beschaulichen Bauern- und Feriendörfern. Umso brutaler wirken die **Bunker,** die Mussolini 1935–39 im **Deutschnonsberg** um den nur 1520 m hohen Gampenpass errichten ließ (*Anf.–Mitte Juni Sa/So, Mitte Juni–Anf. Sept. tgl., Anf.–Ende Sept. Mi–Mo, Okt. Do–So jew. 10–17 Uhr | 4,50 €, gampengallery.it, am Pass links*). Etwa bis Fondo geht es danach erstmal wieder bergab, was vor allem die zahlreichen Biker zu schätzen wissen, die diesen anspruchsvollen Bergparcours unter die Räder nehmen.

AUF ÖTZIS SPUREN

Im Schnalstal wurden 1991 die sterblichen Überreste von Ötzi gefunden

WIE IN DER WANNE

Der Kalterer See hat im Sommer Wassertemperaturen von über 28 °C

Canyon Rio Sass in Fondo

Tatsächlich lockt Fondo mit dem absoluten Tiefpunkt der Reise und gleichzeitig einem Natur-Highlight ersten Ranges, denn durch und unter dem Dorf verläuft der Canyon Rio Sass. Abenteuerlustig und schwindelfrei solltest du sein, um die wildbachschmale, 145 m tiefe Felsschlucht über Hängebrücken, Stege, Stufen und Leitern in einer geführten Passeggiata del Burrone zu erforschen (*spätes Frühjahr–Anf. Nov. | 10 €, Kinder 7 €, Fam. 30 € | Cooperativa Smeraldo | Piazza San Giovanni 9 | Fondo | canyonriosass.it | insg. ca. 2 Std., nicht für herzkranke und klaustrophobische Menschen*). Nach 1,4 km steigst du am Lago Smeraldo, dem Smaragdsee nördlich von Fondo, wieder aus der Unterwelt auf.

10 km Am Hinweisschild zum Lago Smeraldo samt Brotzeithütte bist du schon bei deiner Anfahrt vorbeigekommen. Kurz danach endet am Ortsrand von Fondo erst einmal die gute alte SS238 an einer T-Kreuzung: Rechts geht es ins italienische Nonstal (Val di Nons), dein Weg, diesmal der linke, bringt dich über den 1363 m hohen Mendelpass ins Südtiroler Unterland.

Mendelpass/Passo della Mendola

Am Mendel verläuft die Provinz- und Sprachgrenze zwischen Südtirol und dem Trentino. Die Gegend ist ein beliebtes Wandergebiet, einen

Stopp wirst du aber auch auf der Durchreise nicht bereuen. An der Aussichtskanzel der **Mendelbahn-Bergstation** standen vor dir schon Kaiserin Sisi, Karl May und Mahatma Gandhi und begeisterten sich am Blick über den bewaldeten Hang hinunter ins weite Etschtal.

P *Parkplatz GPS 46.41775, 11.20657*

Einen tollen Blick auf viele Johannis-Feuer hast du von der Aussichtsplattform des Mendel in der Nacht vom 23. auf den 24. Juni.

15 km Dieses himmlische Panorama könntest du im Grunde während der nun folgenden Abfahrt hinunter nach Kaltern noch ein paar Mal genießen, wenn du nicht beim Fahren so höllisch aufpassen müsstest auf die 15 abenteuerlichen Kehren und die vielen Radfahrer, die neben dir unbeschwert bergab rollen.

Kaltern/Caldaro und Kalterer See/Lago di Caldaro

Das hübsche Weindorf am Fuß des Mendelkamms heißt dich mit einer stimmungsvollen historischen Altstadt willkommen. Hier findest du bereits „Kalterer See", allerdings in Flaschen und Fässern im **Weinmuseum** (*April–Mitte Nov. Di–Sa 10–17 Uhr | 6 €, Weinprobe 6 €| Goldgasse 1 | weinmuseum.it*). Das See-Original liegt etwas außerhalb des Orts im Etschtal inmitten von Weinfeldern und ist ein womöglich noch größerer Besuchermagnet. Falls du Zweifel hast: Der Name täuscht, in Wahrheit ist der Kalterer See der wärmste natürliche Badesee Südtirols.

Optionaler Anschluss: Tour B

10 km Die letzten paar Kilometer fährst du in leichten Bögen durch Weinberge nach Tramin, dem Traditionsdorf am Ende dieser Tour im Südtiroler Unterland.

Tramin/Termeno
Feiner Wein und greisliche Bestien im Unterland ▶ **S. 46**

Optionaler Anschluss: Tour C

Schluderns/Sluderno

Ritter-Romantik im Zeichen der Burg

Alle Burgfräulein, Gaukler und Schwertkämpfer, denen du im August im Vinschgau begegnest, sind ziemlich sicher auf dem Weg nach Schluderns. Sie pilgern zur Churburg, die am Sonnenberg knapp über dem Dorf die perfekte Kulisse für die Südtiroler Ritterspiele gibt. Auch wenn du die Natur der Mittelalter-Romantik vorziehst, bist du im hier breiten Etschtal richtig. Neben Matscher- und Müstairtal sind die Berge und Täler zum Reschensee hin ebenso attraktiv wie in der anderen Richtung der Nationalpark Stilfserjoch.

P *Parkplatz am Bahnhof | Vinschger Straße (SS40) | Schluderns | GPS 46.66461, 10.58212*

BUNTE FABELWESEN

Die freskenverzierten Arkaden im Innenhof der Churburg

AKTIVITÄTEN & SIGHTSEEING

1 Im VUSEUM den Vinschgau früher und heute vergleichen

Bronzezeitliche Vinschgauer, Waal-Bewässerung, Schwabenkinder, Kärrner ... über regionale Besonderheiten kannst du dich in dem restaurierten alten Bauernhaus des **Vintschger Museums** auf den neuesten Stand bringen. Eine gute Idee ist auch, gleich hinter dem Museum dem Quairwaal mindestens bis zum Biotop zu folgen. ***Infos:*** *Mai–Nov. Di–So 10–12.30 u. 14–18 Uhr | 6 €, Fam. 12 € | Meraner Str. 1 (Touristeninformation) | Schluderns | vintschgermuseum.com*

2 Auf Waalwegen zu den Ursprüngen wandern

Der romantische **Leitenwaal** auf dem Sonnenberg östlich von Schluderns führt dich, durch Wiesen und Wald, aber stetig bergan, zu seiner „Quelle", dem noch ganz jungen Salurbach im oberen Matschertal. Dabei kommst du am Ganglegg vorbei, einer der frühesten Siedlungen im Vinschgau, gut aufbereitet mit Infotafeln und rekonstruierten rätischen Häusern. ***Infos:*** *Weg Nr. 18 ab Schluderns, einfache Strecke ca. 3 km*

3 In Glurns ins Mittelalter reisen

Glurns ist besonders: als einzige Stadt des Vinschgau bei gerade mal 905 Einwohnern, vor allem aber wegen ihres vollständig mittelalterlichen Gepräges inklusive Stadtmauer. Spüre es selbst, wenn du durch den Tauferer oder Schludernser Torturm gehst und dann auf kopfsteingepflasterten Gassen zwischen bunten Laubenhäusern, beachtlichen Stadtvillen und altersschiefen Höfen wandelst. ***Infos:*** *Glurns (3 km westlich von Schluderns) | glurns.eu* ***Parken:*** *Parkplatz im Osten vor der Stadtmauer, GPS 46.67113, 10.55874*

Insider-Tipp
Palaver um die Palabira

Nutze jede Chance, die alte regionale Birnensorte in Palabira-Brot, -Greascht oder -Schmarrn zu kosten, etwa bei den Glurnser Palabira-Tagen im September.

4 Auf dem Pferdehof Ansteingut aufsatteln

Zwölf Pferde hält Familie Anstein für geführte Touren im und durch das schöne Vinschgau bereit. Die Ausritte sind immer ein Erlebnis, ob du dich nun als

REGENTAG – UND NUN?

5 Auf der Churburg Ritter spielen

Romantische Gemüter sind im Castel Coira begeistert von den zarten Erdbeer- und Tierfresken im luftigen Renaissance-Arkaden-Innenhof, eher kriegerisch Gesinnten gefallen Morgensterne, Hellebarden und Rüstungen in der Zeugkammer. ***Infos:*** *Mitte März–Okt. Di–So 10–12 u. 14–16.30 Uhr | 10 €, Fam. 26 €, nur mit Führung, ca. 1 Std., alle 15 Min. | Churburg 1 | Schluderns | churburg.com*

Neuling oder als Profi in den Sattel schwingst, Kinder sollten aber mindestens acht Jahre alt sein. Beliebte Ziele sind etwa die zwei nahen Fischerteiche (mit Fischerstube, Streichelzoo und Angelgelegenheit) oder die geschützten Flussauen Prader Sand, bei entsprechender Erfahrung und Kondition kann es aber auch weiter in die Blauen oder Grauen Berge gehen. ***Infos:*** *30 €/Std. und Pferd | Alt-Spondinig 1 | Prad am Stilfserjoch | Tel. 0333 581 39 81 (telef. Vereinbarung erbeten) | ansteingut.com*

ESSEN & TRINKEN

6 Michlwirt

Ob du in der modernen oder rustikalen Gaststube sitzt, ist einerlei, mit dem Tagesmenü liegst du mittags immer richtig, ordentlich Hunger vorausgesetzt. ***Infos:*** *Mo–Fr 9–14 Uhr, warme Küche 12–14 Uhr | Tartsch 35 (Durchgangsstraße, neben der Kirche) | Mals-Tartsch (3 km nordwestl. v. Schluderns) | Tel. 0328 363 88 61 | michlwirt.it | €€–€€€*

7 Weißes Kreuz

An der Hauswand steht „Café-Bar-Restaurant", innen setzt du dich einfach in die gemütliche Gaststube mit Kachelofen und bestellst Espresso, Marillenlikör oder Spinatknödel, ganz wie du möchtest. ***Infos:*** *Mi–Mo 7–24 Uhr, warme Küche 12–15 Uhr | Malserstr. 2 | Glurns (3 km westl. v. Schluderns) | Tel. 0473 83 14 55 | didisapartments.com | €€–€€€*

EINKAUFEN

8 Dorflodn Vinschgau

Echter Dorfladen in großer umgebauter Scheune, mit regionalen Lebensmitteln (samt Frischfleisch- und Kä-

VOM WOMO AUFS RAD

Der Campingplatz Badlerhof liegt direkt am Vinschger Etschradweg, dem Ciclabile della Val Venosta

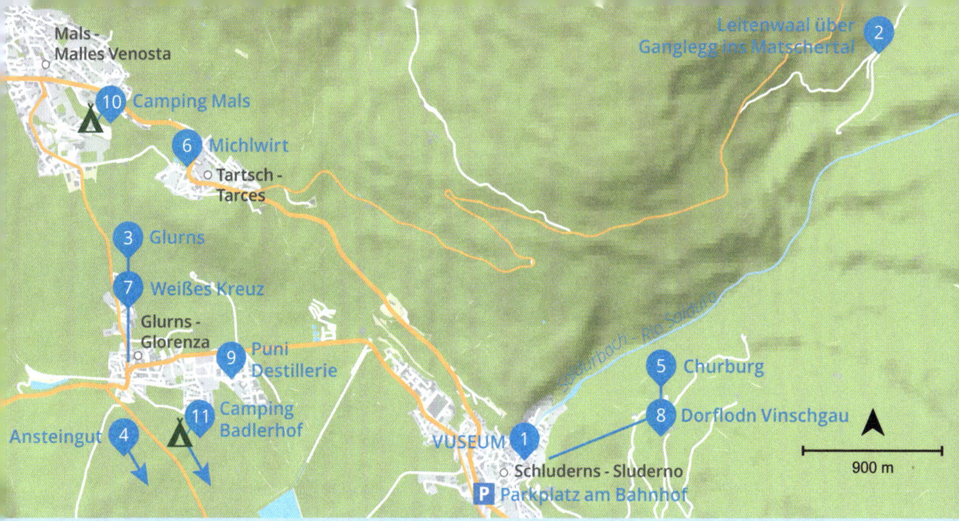

setheke) und Handwerk, aber ohne Chichi. ***Infos:*** *Mo–Fr 8–12.30 u. 15–18.30, Sa 8–16 Uhr | Churburggasse 3 A | Schluderns| Facebook: Dorflodn Vinschgau*

9 Puni Destillerie

Aus den Quellen des Flüsschens Puni kommt das milde Wasser für den ersten italienischen Whiskey. ***Infos:*** *April–Okt. u. Dez.–8. Jan. Di–Sa 10–12, Di–Fr 14–18 Uhr | Destillerie-Tour mit Verkostung, 1 Std., mit Anmeldung, 10 € | Am Mühlbach 2 | Glurns (2 km westl. v. Schluderns) | puni.com*

STELL- & CAMPINGPLÄTZE

10 Campen mit Blick auf den Ortler

Auf dem properen Terrassengelände am Ende der Sackgasse hast du von den unteren Standplätzen vorne an der Einfahrt den schönsten Blick auf das Ortler-Massiv. Allerdings sind die auch dem Bahnhof und seinen gelegentlichen Zuggeräuschen am nächsten.

Camping Mals

€€€ | Bahnhofstr. 49 | Mals (5 km nordwestl. v. Schluderns) | Tel. 0473 83 51 79 | campingmals.com | GPS: 46.68413, 10.55026

▶ **Größe:** *85 Parzellen, 60–90 m² (CEE 16 Ampere)*
▶ **Ausstattung:** *Brötchenservice, Shop, Skitrockenraum, Spielplatz, Tischtennis*

11 Familiärer Platz am Fluss

An der Etsch kannst du unter alten Obstbäumen wunderbar campen, die Vinschgau-Bahn am anderen Ufer stört nicht wirklich, schon eher das häufige Kirchengeläut. Im hellen runden Zentralhaus fällt die kleine Wellness-Oase nochmal besonders positiv auf. Falls mal zu viel los sein sollte, ist das beste „Wartezimmer" das nette Badl-Café im Garten.

Camping Badlerhof

€–€€ | Kugelgasse 4b | Laas (am Ortsrand, 12 km östl. v. Schluderns) | Tel. 0473 62 80 11 | camping-badlerhof.it | GPS: 46.61576, 10.69877

▶ **Größe:** *38 Parzellen, 80–100 m² (CEE 6 Ampere)*
▶ **Ausstattung:** *Shop, Café-Imbiss, Dampfbad, Sauna, Whirlpool, Spielplatz*

Naturns/Naturno
Sonniges Plätzchen für Schaukler und Sportler

Jetzt aber tief durchatmen, ob du unten im Etschtal die alten Kirchenfresken bewunderst oder oben auf dem Sonnenberg beim Wandern oder Skifahren im Naturpark Texelgruppe die Aussicht. Hier wie dort ist die Luft so gut, dass sie Naturns zum Prädikat „Kurort" verholfen hat. Das gilt sogar doppelt, seit beim Vorort Staben eine heilkräftige Mineralquelle wiederentdeckt wurde. Dass über allem Schloss Juval thront, ist ein weiterer guter Grund für deinen Urlaub hier im unteren Vinschgau.

P *Friedhofsparkplatz | Gustav-Flora-Str. 4 (nahe St. Prokulus) | Naturns | GPS 46.65064, 11.00825*

DER SONNE ENTGEGEN

Der Sonnenberg ist kein einzelner Berg, sondern bezeichnet die südlichen Ausläufer der Ötztaler Alpen

AKTIVITÄTEN & SIGHTSEEING

1 Vom Sonnenberg die Welt von oben sehen

Zur Sonne bzw. zum Monte Solo geht es in Naturns nach Norden. Oben bist du schon im **Naturpark Texelgruppe**, Wandern ist hier einfach Spitze. Die Aussicht auch, schau nur mal von der 16 m vorkragenden Panoramaplattform bei der Seilbahn-Bergstation ins Tal! ***Infos:*** *Seilbahn Naturns-Unterstell: Tgl. 8–17/ 19 Uhr | 9 €, Retour 13 € | Sonnenberg 46 | Talstation Naturns-Kompatsch | unterstell.it*

2 Beim Plauser Totentanz über Sterblichkeit nachdenken

Niemand hört es gern, auch wenn es wahr ist: Wir kommen hier nicht lebend raus. Wenn du dafür eine Bestätigung brauchst – und auch sonst, – schau dir die Bilder an, die Luis Stecher 2001 an die Kirchen- und Friedhofsmauer von Plaus gemalt hat. Sie zeigen Tanzfeste, Gelage, Motorradtouren, Arbeitsszenen – und immer ist der Sensenmann dabei. ***Infos:*** *Frei zugänglich | Dorfstraße, bei der Pfarrkirche St. Ulrich | Plaus (4 km östl. v. Naturns)*

3 Auf Schloss Juval dem Mythos Berg näherkommen

Eine schöne Burg hat sich Reinhold Messner da als Sommerresidenz ausgesucht. Der legendäre tibetische König Gesar Ling ist auch hier zu Hause, als Teil der Tibetika-Ausstellung des **Messner Mountain Museum Juval,** in dem das 360-Grad-Bergpanorama die Hauptrolle spielt. ***Infos:*** *MMM Juval: 4. So im März–1. So im Nov. Do–Di 10–17 Uhr | 10 €, Kinder 4 €, Fam. 22 € | Juval 1 | Kastellbell | messner-mountain.museum.it*

Insider-Tipp
Sechs auf einen Streich

In alle sechs Messner Mountain Museen kommst du günstiger mit dem MMM Tour Ticket für 40 €, Kinder. 35 €, Fam. 90 €. Gibt es an jeder MM-Museumskasse.

4 Auf dem Jesus-Besinnungsweg zur Ruhe kommen

Du musst nicht gläubig sein, um das Auf und Ab durch hohen Bergwald am Naturnser Nörderberg zu genießen. Im Italienischen heißt der Rundwanderweg Sentiero della Meditazione, der deut-

REGENTAG – UND NUN?

5 Das Geheimnis des Schauklers lüften

Der berühmte „Schaukler" in dem Apfelgärten-Kirchlein **St. Prokulus** schaukelt natürlich nicht wirklich, sondern seilt sich über eine Mauer ab. Vermutlich zeigt das Fresko aus dem 8. Jh. den Veroneser Bischof Prokulus. Genaueres dazu findest du im **Prokulus-Museum** gleich gegenüber. ***Infos:*** *Ostern–Allerheiligen Di, Do, So 10–12.30 u. 14.30–17.30 Uhr | 6 €, Fam. 12 € | St. Prokulus-Str. 1 | Naturns | Facebook: St. Prokulus Kirche und Museum*

sche Name bezieht sich auf die 15 Stationen, die unterwegs an Begebenheiten und Aspekte im Leben Jesu erinnern. Das kann eine Quelle sein, eine Land-Art-Weltkugel mit Holzrippen oder ein Altarstein. ***Infos:*** *Ca. 6 km Rundweg, insg. 600 HM | ca. 2–3 Std. | Wegmarkierung Christusmonogramm* ***Parken:*** *beim Sportplatz in Naturns hinter Restaurant Zollwies (GPS 46.64076, 11.00621)*

ESSEN & TRINKEN

6 Wiedenplatzkeller

Am begehrtesten sind die aussichtsreichen Außenplätze auf der weinüberrankten Terrasse, aber die bekommst du nur mit Reservierung oder Glück. Gut und üppig essen kannst du draußen wie drinnen, der Renner sind die Spareribs. ***Infos:*** *Tgl. 9–24 Uhr | St. Prokulus-Str. 59 (auf der Bergseite der SS38) | Naturns | Tel. 0473 67 32 80 | restaurant-naturns.com | €€–€€€*

7 Weißes Rössl

Als moderne Wirtsleute setzen Christina und Fabian im denkmalgeschützten Schupferwirt auf feine regionale Küche wie zum Beispiel Kastanienravioli mit Wildhasenfüllung oder in Lagrein geschmorte Rinderbacke. ***Infos:*** *Warme Küche Sa u. Mo–Mi 12–14 u. 18–21, Fr u. So 18–21 Uhr | Hauptstr. 57 A | Naturns | Tel. 0473 66 71 47, | roessl-naturns.it | €€–€€€*

EINKAUFEN

8 maestro

Eine Heiligenfigur, ein Kruzifix ... was du an Holzgeschnitztem suchst, findest du ziemlich sicher hier. Es muss ja nicht gleich eine ganze Alpenkrippe sein, ein

YIPPEE, KNÖDEL!

Spinatknödel gehören zum regionaltypischen Knödel-Tris

Schaf tut es auch, eine Dose, ein Engel, Kerzenhalter, Bilderrahmen ... Oder eines dieser witzigen, leider nicht eben günstigen Windräder. ***Infos:*** *Mo-Fr 9–12.30 u. 15–18.30, Sa 9–12 Uhr, im Advent tgl. und ganztags | Hauptstr. 15 | Naturns | maestro24.com*

9 Weberhof

Hol dir von Bäuerin Irmgard Gurschler einen Korb, und zwar einen selbstgeflochtenen aus Weiden. Oder binde dir einen eigenen in einem Workshop auf dem Hof. Darauf anstoßen kannst du dann mit einem Selbstgebrannten von Bauer Walter. ***Infos:*** *Brunnengasse 7 | Kastellbell-Galsaun (ca. 8 km westl. v. Naturns) | Tel. 0473 62 47 08 (frag lieber vorher, ob jemand da ist) | weberhof.bz*

STELL- & CAMPINGPLÄTZE

10 Schattig unter Bäumen

Der Platz am Südhang von Naturns eröffnet dir einen weiten Blick auf Schlösser und Berge. Outdoor-Sportler sind von den Möglichkeiten begeistert. Du hast außerdem freie Bahn auf einem der beiden Minigolf-Plätze ein bisschen weiter oben beim Sportzentrum.

Waldcamping Naturns

€€–€€€ | Dornsbergweg 8 | Naturns | Tel. 0473 66 72 98 | waldcamping.com | GPS: 46.64319, 11.00685

▶ **Größe:** *160 Stellplätze, davon 130 Parzellen, 75–100 m² (CEE 6 Ampere), 7 Mobilheime*
▶ **Ausstattung:** *Brötchenservice, Shop, kleines Hallenbad, Spielplatz, Kräutergarten*

11 Bequem-Camping mitten im Ort – nur für Erwachsene

Zentraler geht's nicht, der ebene Wiesenplatz liegt (fast) mitten in Naturns, für Ausflüge kann man sich Räder, E-Bikes, Scooter und Cabrios leihen. In der Therme Meran für Campinggäste 15 % Rabatt. Kinder und Jugendliche unter 16 Jahren werden nicht aufgenommen.

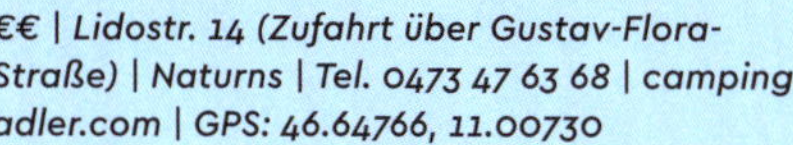

Camping Bungalows Adler

€€ | Lidostr. 14 (Zufahrt über Gustav-Flora-Straße) | Naturns | Tel. 0473 47 63 68 | campingadler.com | GPS: 46.64766, 11.00730

▶ **Größe:** *58 Parzellen, 80–140 m² (CEE 10 Ampere), 5 Bungalows*
▶ **Ausstattung:** *Brötchenservice, Hallenbad, Sauna, Whirlpool, Hundepromenade*

Meran/Merano
Skipiste meets Palmwedel in Sisis Kurstadt

„Alpin-mediterran" nennt man diese besondere Meraner Mischung. In Urlaubs-Aktivitäten übersetzt heißt das, dass du am Vormittag noch in den Sarntaler Alpen über Meran auf Skiern die Hänge runterwedelst und am Nachmittag schon in der Kurstadt an der Passerpromenade unter Palmen flanierst. Oder auf den Spuren von Kaiserin Sisi zu den exotischen Gärten von Schloss Trauttmansdorff wanderst, wahlweise im Spa relaxt oder tiefenentspannt in einem der 25 In- und Outdoor-Pools der Therme Meran.

P *Parkplatz Marlinger Park | Marlinger Str. 27 | Meran | GPS 46.66378, 11.14696; Parkplatz Praderplatz | Praderplatz (schräg gegenüber Hauptbahnhof) | Meran | GPS 46.67427, 11.14940 | außer Fr 8–13 Uhr (Markt)*

SCHAU, DIE SISI!

Das Denkmal zu Ehren von Kaiserin Elisabeth von Österreich steht an der Passerpromenade

AKTIVITÄTEN & SIGHTSEEING

1 Auf Passerpromenade und Tappeinerweg flanieren

Sisi hat's erfunden oder zumindest schick gemacht, das Flanieren in Meran. Besonders schön ist es auf der Fußgänger-Promenade entlang der Passer zwischen gurgelndem Wildbach und mondänem Kurleben. Auch auf dem aussichtsreichen, üppig grünen Tappeinerweg am Hang des Kuchelberges kannst du in die Fußstapfen der Habsburger Kaiserin treten. ***Infos:*** *Unten: Theaterbrücke bis Jugendstil-Wandelhalle, oben: Gratsch bis Zenoberg*

Insider-Tipp
Natürlich regional

Auf dem Meraner Markt gibt alles aus Südtirol, vom Designring bis zur Wollsocke. Ende März–30. Okt. Sa 9–13 Uhr | Obere Freiheitsstraße, nahe Sandplatz

2 Im Frauenmuseum Perspektiven wechseln

Aha-Erlebnisse für alle: In einem ehemaligen Frauenkloster zeigt das Museo delle donne unsere Kultur- und Alltagsgeschichte aus weiblicher Sicht. Kinder, Küche, Kirche kommen darin vor, ebenso wie Mode, Politik, Arbeit und Vorbilder. Besondere Schlaglichter werfen die vielseitigen Sonderausstellungen und Projekte, vom „Mythos der revolutionären Frieda" (Kahlo) bis zu Birth Cultures in aller Welt. ***Infos:*** *Mo–Fr 10–17, Sa 10–12.30 Uhr | 5 €, Kinder 3 € | Meinhardstr. 2 (Kornplatz) | Meran | museia.it*

3 In der Landesfürstlichen Burg heiraten

Nur langsam, du kannst, musst aber nicht im Hochzeitssaal Ja sagen. Wahrscheinlich willst du dir erst einmal nur das hübsche kleine Castello Principesco anschauen, das sich Erzherzog Sigmund da im 15. Jh. als geradezu kuschelige Stadtwohnung bauen ließ, komplett mit Kapelle, Ritterrüstungen und Ahnenreihe in Öl. ***Infos:*** *Osterwoche–6. Jan. Di–Sa 10.30–17, So 10.30–13 Uhr | 5 €, Kinder frei | Galileo-Galilei-Str. 21 | Meran | visitmeran.it*

4 In Schloss Trauttmansdorff Rosenduft atmen

12 ha Garten-Inspirationen aus aller Welt findest du in den Terrassengärten des Schlosses. Inmitten des Blütenzaubers, der Blumenrabatten und Baumhaine bie-

REGENTAG – UND NUN?

5 In der Therme Meran abtauchen

Die Therme mitten in der Stadt ist riesig: 25 Pools, acht Saunen und Dampfbäder und ein 5,2 ha großer Thermenpark wollen erkundet und genutzt werden. ***Infos:*** *Kernöffnung Bäder tgl. 9–20/22, Saunen 13–22 Uhr | 3 Std. Pools Erw. 16 €, Tageskarte 22 €, Wochenend- und Feiertagsaufschläge, Sonderpreise für einige Campingplätze* *▶ S. 45* *| Thermenplatz 9 | Meran | terme merano.it |*

tet das **Touriseum** im Schloss ein Wiedersehen mit Sisi und anderen Südtirol-Touristen der ersten Stunde. ***Infos:*** *April–15. Okt. tgl. 9–19, 16. Okt.–15. Nov. tgl. 9–18/17 Uhr, Juni–Aug. Fr bis 23 Uhr | 15 €, Kinder 12 €, Fam. 32 € | St. Valentinstr. 51a | Meran | trauttmansdorff.it | touriseum.it*

ESSEN & TRINKEN

6 Forsterbräu Meran

Sicher schmecken Hirschsalami oder Rotwein-Radiccio-Risotto auch ohne Pils, Kronen- und Kellerbier, Hellen Bock oder Sixtus hervorragend. Aber selbst als Weintrinker solltest du hier den Forster Fassbieren aus Algund eine Chance geben. ***Infos:*** *Tgl. 10–1 Uhr, Küche 11.30–23 Uhr | Freiheitsstr. 90 (Kurhaus-Hintereingang) | Meran | Tel. 0473 23 65 35 | forsterbrau.it | €€*

7 Knödelglück

Probier am östlichen Tappeinerweg ruhig auch ohne Reservierung dein Glück in dem Aussichtsrestaurant mit dem sprechenden Namen. Es ist für Gäste nur zu Fuß erreichbar, aber irgendwie müssen Super-Knödel und Spitzen-Pasta ja auch wieder verschwinden. ***Infos:*** *Fr–Mi 11–20, im Winter bis 17 Uhr | Zenobergweg 15 A | Meran | Tel. 0371 312 48 92 | Facebook: Knödelglück | €€–€€€*

EINKAUFEN

8 Laubengasse/Via Portici

Noch eine Südtiroler Laubengasse, in der du prima bummeln und shoppen kannst-400 m durch die Altstadt zwischen Berglauben (zum Kuchelberg hin) und Wasserlauben (gen Passer). Meran-typisch überwiegen gediegene An-

AN HANG & WALD

Direkt neben dem Campingplatz Hermitage gibt es einen Wald, wo man schön picknicken kann

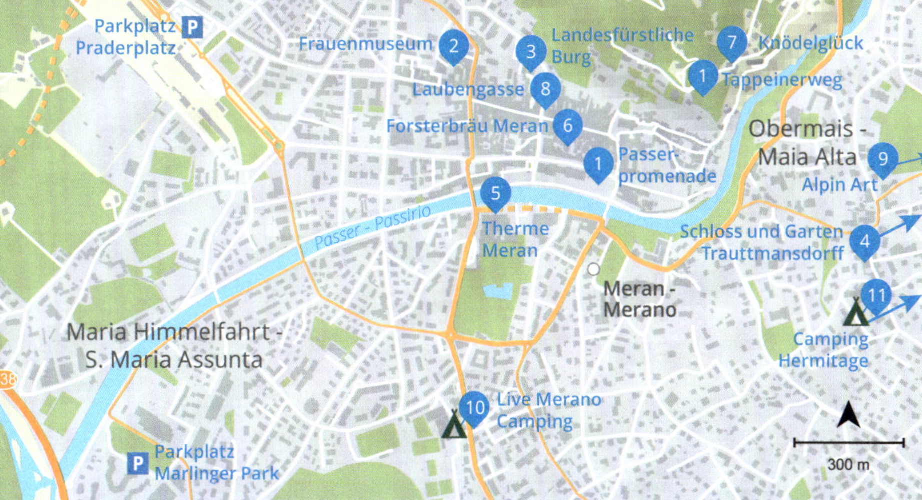

gebote gehobener Preisklasse, wobei in den kleinen Boutiquen so manches schöne Stück wartet, oft Unikate.

9 Alpin Art

Südtiroler Bergschafwolle hält herrlich warm, vor allem, wenn Monika Kienzl sie zu gemütlichen Pantoffeln verfilzt. Auch sonst findest du in ihrem „Atelier für Schmuck & Filzkunst Südtirol" allerlei Praktisches und Schönes. ***Infos:*** *Di–Do u. Sa 8–12, Di/Mi 14.30–17.30 Uhr | Ifingerstr. 12–4 | Schenna (7 km nordöstl. v. Meran) | Tel. 0349 659 00 28 | alpinart-schenna.it*

STELL- & CAMPINGPLÄTZE

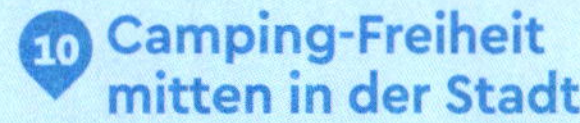

10 Camping-Freiheit mitten in der Stadt

Baumgrüner und erstaunlich ruhiger Campingplatz mit Seltenheitswert, da sehr zentral. Keine 700 m sind es zum Beispiel von deinem neu betonierten Stellplatz zur Therme Meran an der Passer. Chinesisches Restaurant und Südtiroler Kneipe vor der Haustür bzw. dem Platztor. Schön ist der Weg entlang einer Hauptstraße zwar nicht, aber man kann nicht alles haben.

Live Merano Camping

€€€ | Piavestr. 46 | Meran | Tel. 0473 42 63 88 | livemeranocamping.com | GPS: 46.66447, 11.15846

▶ **Größe:** *91 Parzellen, 65–100 m² (CEE 10 Ampere)*
▶ **Ausstattung:** *Brötchenservice, Shop, Pool, kostenloser Fahrradverleih für Camper*

11 Moderner Terrassenplatz im Grünen

Pueblo-Camping auf drei „Etagen". Meran liegt dir in der Ferne zu Füßen, viel näher ist das angeschlossene Hotel samt Dachpool unten auf dem Hanggelände. Nimm lieber einen Platz zum Wald hin als zur SP98, schattig ist beides.

Camping Hermitage

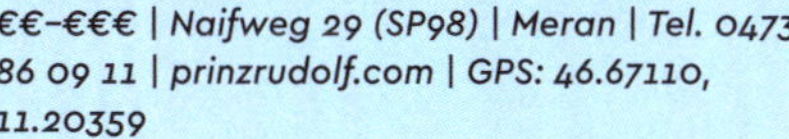

€€–€€€ | Naifweg 29 (SP98) | Meran | Tel. 0473 86 09 11 | prinzrudolf.com | GPS: 46.67110, 11.20359

▶ **Größe:** *97 Parzellen, 70–80 m² (CEE 10–15 Ampere)*
▶ **Ausstattung:** *Brötchenservice, Restaurant, Pools (im Hotel), Sauna*

Tramin/Termeno

Feiner Wein und greisliche Bestien im Unterland

Willst du gar grässliche Meeresungeheuer und fantastische Fabelwesen sehen, bist du in Tramin richtig. Aber keine Angst, ist alles nur gemalt und dient seit Jahrhunderten als Kirchenzier einem höheren Zweck. Heute ist das sympathische Wein- und Wanderdorf im Südtiroler Unterland eher für andere geistige Genüsse bekannt: Der beliebte Ferienort zwischen Kalterer See und Naturpark Trudner Horn ist die Heimat des aromatischen Gewürztraminers und edler Obstbrände. Wenn das mal keine Einladung ist.

P *Mindelheimer Parkplatz und Tiefgarage Tramin 2000 | Mindelheimer Straße | Tramin | GPS 46.34056, 11.24023*

SPITZEN-WEIN-DORF

Die Pfarrkirche St. Quirikus und Julitta in Tramin hat den höchsten gemauerten Kirchturm Südtirols (86 m)

AKTIVITÄTEN & SIGHTSEEING

1 Im Hoamet-Tramin-Museum am Dorfleben teilnehmen

Im Heimatmuseum im alten Rathaus-Gemäuer von Tramin kannst du von uralten Dokumenten bis zum Wein-Törgel authentische Ortsgeschichte erleben, Fauna und Flora, Brauchtum und Gewürztraminer-Tradition eingeschlossen. ***Infos:*** *15. Juni–Okt. | 3,50 €, Kinder bis 18 J. frei | Di–Fr 10–12, Mi zusätzl. 16–18 Uhr | Rathausplatz 9 | Tramin | hoamet-tramin-museum.com*

Insider-Tipp
Monster-Fasching

*Als klappermäulige „Wudelen" treiben die Traminer Männer und Kinder beim **Egetmann-Umzug** das Böse und den Winter aus. | egetmann.com*

2 Im Erlebnisbad Tramin ins Wasser springen

Sportliche Typen begeistern die 50-m-Bahnen und Gegenstromanlage im **Lido di Termeno,** kleine (und große) Badefreunde die Planschbecken, Whirlpool, Bodensprudelbecken und Kletterfelsen am Wasserfall. ***Infos:*** *Je nach Temperatur, ca. Mai–Sept./Okt. tgl. 9–18/19 Uhr | 7 €, Kinder 3,50 € | Weinstraße 152 (im Tal, neben dem Sportplatz) | Tramin | tramin.com/de*

3 Auf dem Traminer Hausberg Roen den Horizont erweitern

Konditionsstark und trittsicher musst du sein, wenn du von Tramin aus den 2116 m hohen Roen, den höchsten Gipfel der Nonsberggruppe, erklimmen willst. Oben wartet ein überwältigender Blick auf Ortler, Brenta, Marmolata und Dolomiten-Rosengarten. ***Infos:*** *Ab Gummererhof (GPS 46.356086, 11.228507) auf dem steilen T/10 zur Überetscher Hütte und entweder auf dem kurzen Klettersteig 523 oder über Roen Alm und Wanderweg 500 zum Monte Roen*

4 Im Naturpark Trudner Horn wandern

Bei Neumarkt oder Auer im „italienischen Osten" des Etschtals haben auch ungeübte Wanderer und Kinder ihren Spaß auf den leichten Wander- und Radwegen durch den **Parco Naturale Monte Corno** rings um den 1.781 m hohen

REGENTAG – UND NUN?

5 Dich im Bestiarium gruseln

Wie am laufenden Band reihen sich in der Kapelle **St. Jakob in Kastelaz** am Ortsrand über Tramin im Sockel der Apsis absonderliche Mischwesen aneinander. Da reißt ein Zentaur einem Vogelmann ein Bein aus, verrenken sich Einfüßler und zweischwänzige Meerjungfrau, beißt ein Schlangenhund den Delfinreiter. Erklären kann das bislang niemand, aber sehenswert ist es allemal. ***Infos:*** *15. März–Anf. Nov. tgl. 10–18, sonst Sa, So 10–16 Uhr | 2 € | tramin.com | stiegenzumhimmel.it*

Fleimstaler Alpengipfel Trudner Horn. Sehr schön sind zum Beispiel die 5 km von Auer auf der alten Fleimstalbahn-Trasse hinauf ins Weindorf Montan. ***Infos:*** *naturparks.provinz.bz.it | Radroute 6 „Fleimstal", bahntrassenradwege.de*

ESSEN & TRINKEN

6 Pernhof

Gut und gediegen essen mitten in Tramin, sogar die Pizzen sind vorzüglich. Aussichtsterrasse und Garten. ***Infos:*** *Mitte Mai–Okt. Fr–Mi 17–21.20, Pizza 17–22 Uhr | Julius-von-Payer-Str. 21 | Tramin | Tel. 0471 86 06 24 | pernhof.com | €€–€€€*

7 Seeperle

Landgasthof im besten Sinne, gute Südtiroler-italienische Küche und auch für Vegetarier viel Feines dabei. Probier Wirt Arthurs Wein aus eigener Herstellung. ***Infos:*** *Tgl. 11.30–14 u. 17.30–21 Uhr, Nov.–Feb. Mo–Mi nachm. geschl. | St. Josef am See 28 (gegenüber Zufahrt zum Kalterer See) | Kaltern (6 km nördl. v. Tramin) | Tel. 0471 96 01 58 | seeperle.com | €€–€€€*

EINKAUFEN

8 Brennereien Roner und Psenner

Die zwei namhaften Destillen stellen beide hervorragende Brände her und liegen nah beieinander. Entscheide selber, wo du Aquavit und Nussschnaps einkaufst. ***Infos:*** *Roner: Aug.–Okt. Mo–Fr 9–18, Sa 8–17, Sept./Okt. zusätzl. So 9.30–13 Uhr, Nov.–Juli Mo–Fr 9–12 u. 14–18, Sa 8–12 Uhr | Josef-von-Zallinger-Str. 44 (SP 16) | Tramin | roner.com | Psen-*

IN DIE PEDALEN TRETEN

Tretboote kannst du von Ende März bis Mitte Oktober in diversen Strandbädern am Kalterer See ausleihen

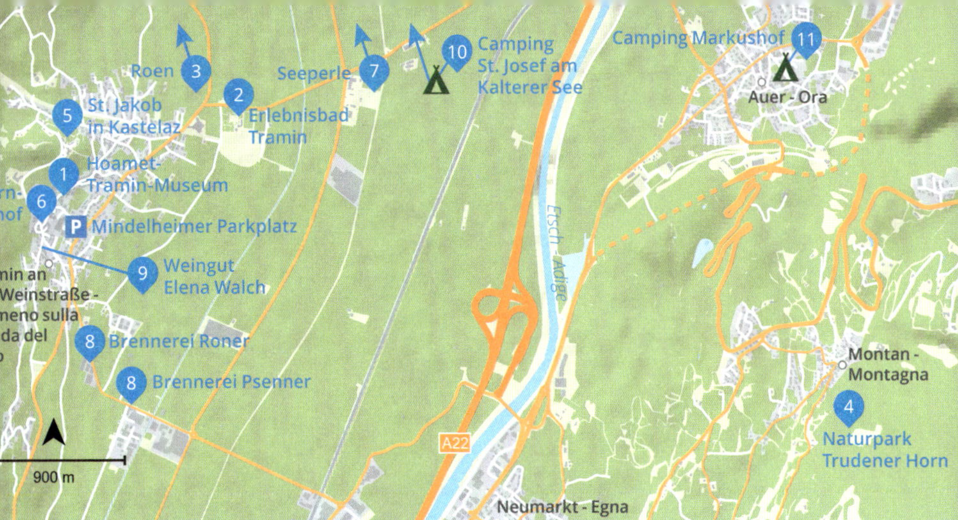

ner: Mo–Fr 9–12 u. 14–17 Uhr | Bahnhofstr. 1 (SP 16) | Tramin | psenner.com

9 Weingut Elena Walch

Hier musst du schnell sein, sogar die neuen Spitzenweine des renommierten Familienbetriebs sind oft ruckzuck ausverkauft. Die nachhaltig bewirtschafteten Spitzenlagen sind Vigna Kastelaz in Tramin und Vigna Castel Ringberg in Kaltern. ***Infos:*** *Mo-Sa 10–18 Uhr | Führungen (Anmeldung) Mo 15, Do u. Sa 10.30 Uhr, 18 € | Hoferstr. 1 | Tramin | elenawalch.com*

STELL- & CAMPINGPLÄTZE

10 Campen am lauschigen See

Der ebene Platz am Kalterer See-Ufer hat einen eigenen Seezugang und Badesteg. Hunde dürfen zwar auf den Platz, nicht aber an den See. In der Hochsaison werden mind. zwei Personen je Standplatz berechnet.

Camping St. Josef am Kalterer See

€–€€ | Weinstr. 25 | Kaltern (5 km nördl. v. Tramin) | Tel. 0471 96 01 70 | camping-kalterersee.com | GPS: 46.37232, 11.25267

- **Größe:** *150 Stellplätze, davon 130 Parzellen, 55–90 m² (CEE 6 Ampere)*
- **Ausstattung:** *Brötchenservice, Shop, Restaurant*

11 Komfortables Dorf-Camping

Mitten im Ferienort Auer auf der „italienischen Seite" des Etschtals hat Familie Graiff neben und hinter ihrem Hotel einige hübsche Stellplätze auf Gras angelegt. Im hinteren Teil mit den Parzellennummern 40 bis 78 hast du einen besonders schönen Blick auf Regglberg und Trudner Horn. Bäckerei gleich gegenüber dem Eingang. Junge Familien aufgepasst: nicht für Kinder unter 16 Jahren!

Camping Markushof

€€ | Truidn 1 | Auer/Ora (6 km östl. v. Tramin) | Tel. 0471 81 00 25| campingmarkushof.it | GPS: 46.34820, 11.30037 | Hundeverbot

- **Größe:** *58 Stellplätze, 75–100 m² (CEE 6 Ampere)*
- **Ausstattung:** *Fitness, Wellness, Sauna, Restaurant*

WIR FAHREN (SEIL)BAHN

Der Kronplatz ist sowohl ein Berg (2275 m) als auch eine ganze Urlaubsregion und ein bekanntes Skigebiet

Domherren und Dolomiten auf der Sonnenseite der Alpen
Von Bozen ins Fischleintal

Im Eisack- und Pustertal wandelst du auf alten Pfaden, jede Altstadt, Burg und Kirche erzählt davon. Völlig unberührt vom menschlichen Treiben stehen hier seit Urzeiten die Berge Spalier, schneesicher, wanderbar und sonnenverwöhnt von den Sarntaler Alpen bis zu den Dolomiten. Mit dem Camper kannst du dir die schönsten Flecken aussuchen: im weingrünen Talkessel Bozens, unter funkelndem Sternenhimmel auf der Seiseralm oder am Kronplatz, am Ufer blau-frischer Bergseen wie im Tauferer Tal oder bei Toblach.

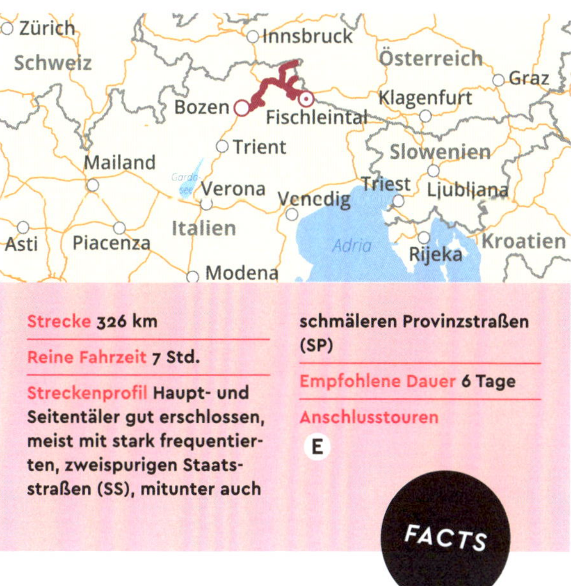

Strecke 326 km

Reine Fahrzeit 7 Std.

Streckenprofil Haupt- und Seitentäler gut erschlossen, meist mit stark frequentierten, zweispurigen Staatsstraßen (SS), mitunter auch schmäleren Provinzstraßen (SP)

Empfohlene Dauer 6 Tage

Anschlusstouren
E

Tour B im Überblick

Tour-Highlights

Auf der *Seiser Alm* im Abendrot den Rosengarten des Zwergenkönigs bestaunen ▶ **S. 55**

Bei Bad Moos an der *Sextner Sonnenuhr* die Zeit ablesen ▶ **S. 61**

Ötzi im Südtiroler Archäologiemuseum in *Bozen* besuchen ▶ **S. 63**

Bei den Chorherren in *Kloster Neustift* auf einen Wein vorbeischauen ▶ **S. 67**

Innenansichten von Zaha Hadids Bergmuseum *MMM Corones* gewinnen ▶ **S. 71**

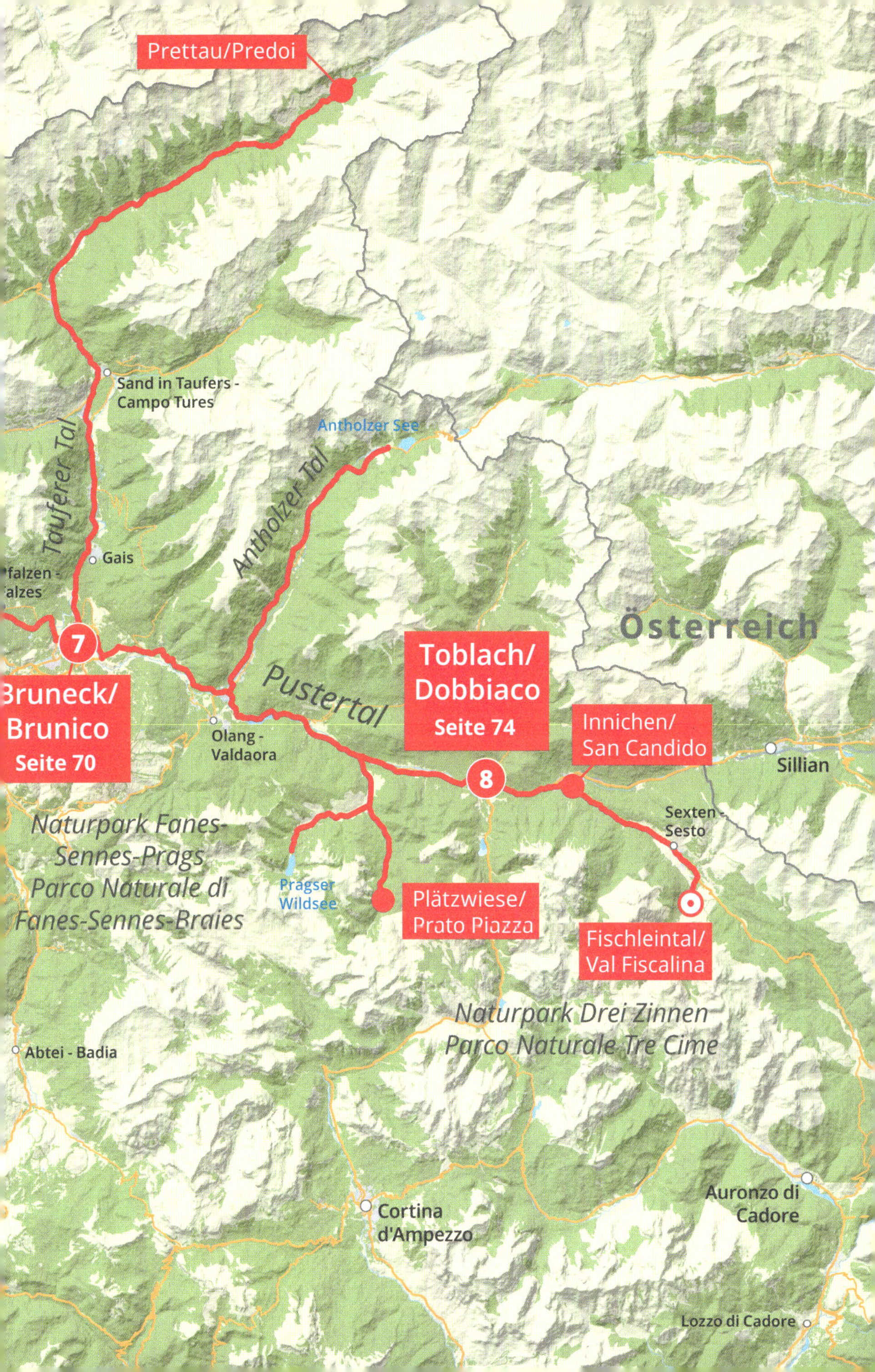

Prettau/Predoi
Sand in Taufers -
Campo Tures
Tauferer Tal
Antholzer See
Antholzer Tal
Gais
'falzen -
alzes
7
Bruneck/
Brunico
Seite 70
Pustertal
Olang -
Valdaora
Toblach/
Dobbiaco
Seite 74
8
Innichen/
San Candido
Österreich
Sillian
Sexten -
Sesto
Naturpark Fanes-
Sennes-Prags
Parco Naturale di
Fanes-Sennes-Braies
Pragser
Wildsee
Plätzwiese/
Prato Piazza
Fischleintal/
Val Fiscalina
Naturpark Drei Zinnen
Parco Naturale Tre Cime
Abtei - Badia
Cortina
d'Ampezzo
Auronzo di
Cadore
Lozzo di Cadore

B Tourenverlauf

Start & Spot **5**

Bozen/Bolzano
Kunst und Geschäfte in Südtirols Hauptstadt ▶ **S. 62**

27 km Aus dem Gewirr der Bundesstraßen und Autobahnen um Bozen führt dich die SP22 ostwärts heraus, die ab der Überquerung der A22 zum Brenner SS12 heißt. Verkehrsmäßig aufatmen kannst du aber erst, wenn du in Blumau rechts auf die LS24 abgebogen bist. Erst noch ziemlich gerade, steigt die Landstraße an der östlichen Seite des **Eisacktals** empor. Das verlässt du aber gleich an der ersten Gabelung rechts, dem Schild „Prösels" nach. Beide Wege treffen sich später wieder. Deine Strecke führt dich auf der SP Tiers in weiten Kehren in die Berge, bis vor dir erst das schneebehaubte **Schlernmassiv** in den Blick rückt, bald darauf links im weiten Tal die Häuser von Prösels, einem Ortsteil von Völs am Schlern, samt Renaissance-Burg Schloss Prösels. Links abbiegen, das einspurige Sträßlein ist leicht zu übersehen.

Schloss Prösels

Halte dich nur immer links, dann kommst du auf schmalen Fahrwegen direkt ans Schloss, mit seinen weißen Mauern und Rundtürmen auf einer niedrigen Felskuppe sowieso unübersehbar. St. Anna-Kapelle, Rittersaal und Kaminzimmer sind noch so, wie sie Leonhard von Völs vor rund 500 Jahren ausbauen ließ, die Waffensammlung im Pfeilersaal kam aber erst später hinzu, das zeigt schon die Samurai-Rüstung inmitten all der Turnierhelme, Hellebarden, Äxte und Degen.

i *Führungen Mai–Okt. So–Fr (Uhrzeiten s. Website) | 9 €, Kinder 5 € | Prösler Str. 2 | Völs am Schlern | schloss-proesels.seiseralm.it*

P *Parcheggio Castello di Presule | Prösels 22 | Prösels | GPS 46.50368, 11.49663*

10 km Du bist schon richtig, auch wenn sich die Dorfstraße nach dem Schloss zu einem besseren asphaltierten Wirtschaftsweg verengt. Er führt durch Bergwald und Felder erst zurück auf die LS24 und dann nach Völs am Schlern, versprochen. Zuerst aber begeistert vor dir die grandiose Aussicht auf Wald, Wiesen und die zackige Gipfellandschaft, die schon zum **Naturpark Schlern-Rosengarten** (*naturparks.provinz.bz.it*) gehören. Spätestens in Seis am Fuß der **Seiser Alm** solltest du dafür einen Stopp einlegen.

Seis am Schlern/Siusi

Auch Völs, Kastelruth und Compatsch nennen sich „Tor zur Seiser Alm". Aber nur in Seis startet die **Seilbahn** auf die Hochebene auf dem Schlern, in der Saison untertags der einzige Zugang für Tagesgäste (*tgl. 8–18/19 Uhr | Sommer: retour 19 €, Fam. 41 €, Bike 4 €, Winter: Skipass Dolomiti Superski | Schlernstr. 39 | seiseralm.it*). Wer Blumen liebt, muss unbedingt hinauf, Wanderer, Biker und Langläufer sowieso. Das Sahnehäubchen oben ist die Wahnsinns-Aussicht auf den **Rosengarten**. Diese Dolomitenzacken waren einst der Sage nach der Prachtgarten von Zwergenkönig Laurin. Als er aus ihm vertrieben wurde, sollte niemand mehr die Pracht sehen, „weder tagsüber noch nachts". Weil Laurin aber die Dämmerung vergessen hatte, glüht seitdem der felsige Rosengarten morgens und abends für kurze Zeit in geradezu überirdischem Rot.

P *Parkplatz Seiser Alm Bahn | Schlernstr. 39 | Seis am Schlern | GPS 46.54075, 11.56510*

15 km Über Kastelruth, Heimat der gleichnamigen „Spatzen", bringen dich nun LS24 und SP64 vom Fuß des Schlern aus kurvenreich und in weitem Bogen über die Berge ins nördlich benachbarte **Grödnertal**. Hier fährst du den Hauptort St. Ulrich an.

AUF ZUR ALM!

Die Seiser Alm ist die größte Hochalm Europas

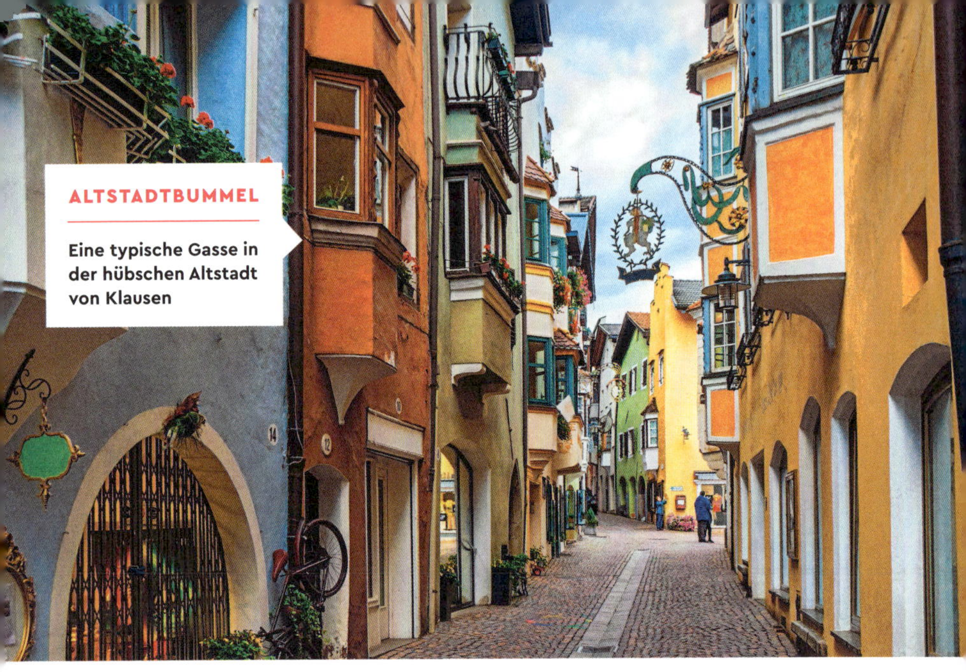

ALTSTADTBUMMEL

Eine typische Gasse in der hübschen Altstadt von Klausen

St. Ulrich/Ortisei

St. Ulrich ist der Geburtsort von Louis Trenker und bekannt für seine Schnitzereien. Freundlicherweise sprechen die Grödner mit ihren Gästen Deutsch oder Italienisch, unter sich aber nach wie vor Ladinisch. Mehr dazu und über das ganze Tal (*www.valgardena.it*) erfährst du im **Museum Gherdëina** im Kulturzentrum Cësa di Ladins (*Kernzeiten Mo–Sa 10–12 u. 14–18 Uhr | 7 €, Kinder frei | Reziastr. 83 | www.museum gherdeina.it*). Oder du machst deine eigenen Erfahrungen mit Land und Leuten, etwa bei einer Wanderung zur Burgruine Wolkenstein (*Wanderparkplatz Langental-Wolkenstein | ca. 10 km östl. v. St. Ulrich | GPS 46.56400, 11.77319*) oder der Fahrt mit einer der vielen Seilbahnen auf die herrlichen Berge ringsum.

P *Parkgarage Central | rund um die Uhr geöffnet | Bahnhofsstr. 1 | St. Ulrich | GPS 46.57558, 11.66937*

23 km Nun heißt es wieder „Go West", auf der SS242 raus aus dem Grödnertal. Kurz vor dem Tunnel am Talausgang blitzen oben noch kurz die weißen Mauern der Trostburg auf, gleich nach dem Tunnel hat dich am Kreisverkehr der lebhafte Verkehr des Eisacktals wieder. Hier fließt du mit dem Strom rechts in die SS12, der schnellste Weg ins nahe Künstlerdorf Klausen.

Klausen/Chiusa

Eng drängen sich Kirche, Häuser und Läden von Klausen auf dem schmalen Streifen zwischen Talwand und Eisack. Wenn du es luftiger willst, musst du höher hinauf. Zum Beispiel zu Fuß zur „Akropolis Südtirols", dem **Wallfahrtskloster Säben** auf einem Felsen über Klausen (*klausen.it*).

P *P2 Schindergries | Klausen | GPS 46.63895, 11.56463*

Camping Gamp
Familiärer Platz, idealer Stopover. Vor- und Nachteil zugleich ist die Lage unmittelbar neben bzw. unter der Autobahn. Kleiner Shop, abends Restaurant, Pool, kleiner Streichelzoo, Hunde erlaubt.

i *€–€€ | Griesbruck 10 | Klausen | Tel. 0472 84 74 25 | camping-gamp.com | GPS 46.64094, 11.57326 | 60 Standplätze, davon 50 Parzellen, 70–80 m² (CEE 6–10 Ampere)*

13 km Manchmal drei- und vierspurig ausgebaut, verleitet die SS12 zum Gasgeben. Jedenfalls bringt sie dich schnell nach Brixen, Südtirols erstem Bischofssitz.

Spot 6

Brixen/Bressanone

Geschichte und Geschichten der Brixener Bischöfe ▶ **S. 66**

15 km An der Bebauung merkst du nicht, wann Brixen aufhört und Neustift anfängt. Neben gutem Wein hat die Region hervorragenden Apfelsaft zu bieten. Den besten bekommst du in **Natz** (*Parken: Parkplatz Raas | Kirchweg 16 | Raas | GPS 46.74894, 11.66069*). Das Apfeldorf liegt neben **Schabs** inmitten des größten und ertragreichsten Apfelanbaugebiets Südtirols. Im zeitigen Frühjahr ist die Gegend Natz-Schabs (Naz-Sciaves) ein einziges Blütenmeer in Weiß und Rosa.

Im Juni feiern 40 000 Metal-, Rock- und Volksmusik-Fans das AlpenFlair-Festival in Natz-Schabs.

71 km Kaum hast du von Schabs aus auf der SS49 nordwärts Mühlbach passiert, bist du auch schon im **Pustertal**. Im Lokalradio wird diese Pustertaler Staatsstraße leider häufig erwähnt, denn die zentrale Verkehrsader des Tals ist für Staus und Unfälle berühmt-berüchtigt.

Weil es aber geländebedingt kaum Ausweichrouten gibt, helfen in solchen Fällen nur Gelassenheit und Geduld. Eine Möglichkeit hast du aber: etwa 5 km östlich von Mühlbach auf Höhe Niedervintl auf die schmale, parallel zur Staatsstraße verlaufende SP40 wechseln. Auf ihr bist du zwangsläufig beschaulich unterwegs, außerdem bieten sich Stopps an, z. B. in Terenten zu den ausgeschilderten **Erdpyramiden** (*GPS 46.83763, 11.77605*) oder am grünen Naturbadesee **Issinger Weiher** (*GPS 46.81258, 11.85126*). Des Weiteren kannst du auf dieser Alternativstrecke Bruneck nördlich umfahren, wenn du über die SP97 die SS621 ansteuerst. Sie bringt dich ins **Tauferer Tal** und ins anschließende **Ahrntal**. Wald und Berge säumen die einspurige, trotzdem viel befahrene Straße. Schnuppere unterwegs in **Sand in Taufers** „Ritterluft" in der mittelalterlichen Bilderbuch-**Burg Taufers** (*Sonderausstellungen tgl. 10–17 Uhr, Burg mit Führung, 8 €, Kinder 4 € | sand-in-taufers.org/burg-taufers/*). Weiter geht es Richtung Talschluss bis Prettau, wo nach 500 m die Fahrstraße endet.

Prettau/Predoi

Prettau ist die nördlichste Gemeinde Italiens. Die ungewöhnliche Allianz von Montanwesen und Wellness zeigt sich hier im kombinierten **Bergbaumuseum mit St.-Ignaz-Schaustollen** (*Mitte April–Nov. Di–So 10–17 Uhr, letzte Einfahrt 15 Uhr | 13 €, Kinder frei | Hörmanngasse 38A | bergbaumuseum.it*) und 1100 m tief im Berg gelegenen Klimastollen (*20 €, Kinder 9 € | ich-atme.com*). Letzterer zeichnet sich durch besonders reine Atemluft aus, falls du unter Atemwegsbeschwerden leidest, solltest du dir einen Besuch unbedingt gönnen. Wenn du die Berge lieber von außen siehst, hast du dazu reichlich Gelegenheit im angrenzenden **Naturpark Rieserferner-Ahrn**.

Insider-Tipp

Überblick für Eilige

Das Naturparkhaus Kasern neben der Schranke am Talende führt in aller Kürze ein in Natur, Kunsthandwerk und Landwirtschaft des hinteren Ahrntals und stellt die Südtiroler Naturparks vor (naturparks.provinz.bz.it).

40 km In Prettigau-Kasern, kurz vor der Grenze zu Österreich, machst du kehrt und fährst auf demselben Weg zurück nach Bruneck.

Spot 7

Bruneck/Brunico

Romantische Altstadt und gleich zwei Bergmuseen ▶ S. 70

75 km

Das Pustertal ist ein Durchgangstal, darum wird der Verkehr nach Osten hin auch nicht weniger. 10 km hinter Bruneck biegst du links auf die SP44 ins **Antholzer Tal** ab, dessen Hauptsensation, der **Antholzer See** auf 1642 m Höhe, ebenfalls viel besucht ist. Er ist aber auch zu schön mit den dunklen Nadelwäldern und Rieserferner-Gipfeln, die sich wie gemalt im grün-blauen Wasser des 44 ha großen Bergsees spiegeln (*Parken: Parkplatz Seerestaurant Platzl am See, Obertaler Straße, 250 m nördl. des Sees | GPS 46.88708, 12.17444*). Ein ähnlich schönes Bergwasser ist der **Pragser Wildsee,** vom Antholzer See aus auf der jenseitigen, südlichen Seite der Pustertaler Staatsstraße im Pragser Tal (*www.prags.bz*) gelegen (*Parken: Parcheggio Lago di Braies – P3 | St. Veit 27 | pragsparking.com | GPS 46.70052, 12.08493*). An der Gabelung der Pragser-Tal-Straße (*Mitte Juli–Anf. Sept. 9.30–16 Uhr für Tagesbesucher gesperrt, Durchfahrt mit reserviertem Parkplatz*) kommst du rechts zum See (Innerprags), links (Außerprags) endet die Straße nach weiteren knapp 6 km am Brückele vor der Schranke zum Hochplateau Plätzwiese.

📷 *Das tiefste Blau, das intensivste Grün, die klarsten Wolken- und Bergspiegelungen im Wasser fängst du an einem sonnigen Spätvormittag am Westufer des Pragser Wildsees ein.*

WAS SPIEGELT SICH DA?

Mächtig, massiv, malerisch überragt der Seekofel den Pragser Wildsee

HEILIGE DREIFELSIGKEIT

Die Drei Zinnen, das sind: Große Zinne (2999 m), Westliche Zinne (2973 m) und Kleine Zinne (2857 m)

Plätzwiese/Prato Piazza

Auf das naturschöne Hochplateau mit Lärchenwäldern, Matten und einem herrlichen Bergpanorama kommst du als Tagesgast im Sommer nur zu Fuß, mit dem Rad oder dem Shuttlebus (*tgl. 10.30–15 Uhr, alle 30 Min. | 4 €, Kinder 6–10 J. 1 €, bis 6 J. frei*). Wenn du Zeit und Kondition hast, kannst du das Bergpanorama von der Unesco-Welterbeterrasse Strudelkopf (unterhalb des 2307 m hohen Gipfels) aus bewundern, ein prächtiges Aushängeschild für den **Naturpark Fanes-Sennes-Prags** (*naturparks.provinz.bz.it*), zu dem die Plätzwiese gehört. Nur hin musst du für die 10 km und 300 Höhenmeter allerdings an die drei Stunden rechnen.

P *Brückele | Camper und Kleinbusse 12 €, vor 8 Uhr und nach 16 Uhr kostenlos | GPS 46.67751, 12.14886*

20 km | Vom Brückele aus fährst du zurück ins Pustertal und steuerst, wieder auf der SS49, zunächst ostwärts Toblach an.

Spot 8 **Toblach/Dobbiaco**
Trubeliges Sportlerziel im Zeichen der Drei Zinnen ▶ **S. 74**

Optionaler Anschluss: Tour 

6 km Wieder ist es die SS49, die dich zum nächsten Ziel bringt, ins nahe Innichen, den letzten bzw. ersten Ort auf der Südtiroler Seite der Grenze zu Österreich.

Innichen/San Candido

Im Süden des rührigen Urlaubsorts lockt der **Naturpark Drei Zinnen** (*naturparks.provinz.bz.it*), dessen Markenzeichen, eben die drei besonders markanten Dolomiten-Zinnen, du in Innichen auf Schritt und Tritt begegnest. Bergsport jeder Art ist hier angesagt und im **Alpin-Erlebnisbad Acquafun** (*acquafun.com*) gibt's jede Menge Wasserspaß. Freunde schlichter Architektur geraten angesichts der romanischen Stiftskirche St. Candidus und St. Korbinian ins Schwärmen.

P *Parkplatz Außerkirchl | Färbergasse 1 | Innichen | GPS 46.73462, 12.27879*

11 km Ein besonderes Natur-Schmankerl ist das Fischleintal südöstlich von Innichen. Die Anfahrt führt über die SS52 durch das landschaftlich ebenfalls sehr schöne **Sextental**.

Ziel Fischleintal/Val Fiscalina

Den Eingang zum nur 4,5 km langen Fischleintal findest du in Bad Moos, einem Ortsteil von Sexten. Mit dem Wagen ist etwa in der Mitte des Tals bei der Fischleinbodenhütte Schluss, die Talschlusshütte erreichst du nur zu Fuß. Auf die Uhr musst du dabei nicht schauen, die Zeit verraten dir ziemlich genau die fünf Dolomitengipfel der **Sextner Sonnenuhr,** je nachdem, ob die Sonne gerade hinter dem Neuner, Zehner, Elfer, Zwölfer oder Einser steht. In etwa kommt das durchaus hin, und auf die Minute genau geht es hier in den Bergen sowieso nicht.

P *Fischleinboden | GPS 46.66683, 12.35359*

Caravan Park Sexten Camping
Luxus-Camping mit Blick auf die Sextener Dolomiten. Hotel anbei, gemeinsamer Spitzen-Wellnessbereich, u. a. mit 14 Saunen. Restaurant, Spiel-Stadt, geführte Rad- und Wander-Touren, Hundeschule.

i *€€–€€€ | St. Joseph-Str. 54 | Sexten | Tel. 0474 71 04 44 | caravanparksexten.it | GPS 46.66775, 12.39910. 268 Parzellen, 100–300 m² (16 Ampere), 37 Cabins*

Bozen/Bolzano
Kunst und Geschäfte in Südtirols Hauptstadt

Alle Wege führen nach Bozen – auf die Idee könntest du kommen, wenn du in einem der häufigen Staus im Großraum steckst. Was machen all die Leute hier? Nun, rund 100 000 Menschen leben, arbeiten und studieren schon mal in der Hauptstadt Südtirols. Dazu kommt der Dauerstrom der Durchreisenden und in der hübschen Altstadt on top all die Ötzifans, Christkindlmarkt-Besucher, Kunst- und Shopping-Liebhaber. Da kann es schon mal eng werden auf den Straßen.

P *Parkhaus Bozen Mitte | eigens ausgewiesene Womo-Plätze | 22–6 Uhr Zugang eingeschränkt | Mayr-Nusser-Str. 24 (zw. Hauptbahnhof und Waltherplatz) | Bozen | seab.bz.it | GPS 46.49356, 11.35875. Bei der Parkplatzsuche hilft die App der Gemeinde Bozen: parking.bz.it.*

MINNESÄNGER IN DER MITTE

Der Waltherplatz mit namensgebender Statue von Walther von der Vogelweide

AKTIVITÄTEN & SIGHTSEEING

1 Am Waltherplatz Cappuccino trinken

Viel los hier zwischen **Dom** (*Mo–Fr 7.30–18, So 8–20 Uhr | Eintritt frei*) und Altstadt. Einheimische, Flaneure, Touristen auf dem Weg zu Sightseeing und Shopping beobachtest du am besten ganz entspannt von einem der Cafés aus. Im Advent ist der Waltherplatz ein Zentrum des Bozener Christkindlmarkts, in seiner Mitte steht das Denkmal für den Namenspaten Walther von der Vogelweide.

2 Im Museion mit der Zeit gehen

Zwei Stege winden, biegen, wellen sich über die Talfer auf den Glas-Beton-Kubus des Museions zu. Das Museum für moderne und zeitgenössische Kunst aus Südtirol ist ganz nah am Puls der Zeit, ein Schwerpunkt sind Arbeiten aus Licht. ***Infos:*** *Di–So 10–18, Do 10–22 Uhr | Piero-Siena-Platz 1 | Bozen | museion.it | 10 €, Kinder frei, Do 18–22 Uhr freier Eintritt*

3 Auf Schloss Runkelstein flirten

Ganz schön keck ging es im Mittelalter zu, wenn man den Fresken auf Schloss Runkelstein glauben darf. Tanzrunden zeigen sie, Jagdausflüge und neckische Flirts im Rosengarten. Die blonde Dame im roten Kleid ist angeblich Margarete Maultasch, die letzte Gräfin von Tirol. ***Infos:*** *Sommer Di–So 10–18, Winter bis 17 Uhr | 8 €, Fam. 16 € | St. Anton 15 (ab Parkplatz noch 10 Min. zu Fuß) | Bozen | runkelstein.info*

Insider-Tipp
Lass dich fahren, kostet nix

Für Schlossbesucher: Im Sommer kostenloser Shuttlebus zwischen Waltherplatz und Runkelstein.

4 Auf Schloss Sigmundskron Berge erleben

Gut möglich, dass du im Hof Schlossherr Reinhold Messner begegnest, der in der Burgfestung das **Messner Mountain Museum Firmian** zum Thema „Mensch – Berg" eingerichtet hat. Mach es wie die Bronzebuddhas in der weitläufigen Anlage und meditiere darüber, am besten beim Blick über den Bozener Talkessel und auf die gewaltigen Bergreihen dahinter. ***Infos:*** *3. So im März–2. So im*

REGENTAG – UND NUN?

5 Ötzi besuchen

Es war Mord, das steht nach 5300 Jahren fest. Im **Südtiroler Archäologiemuseum** ruht nun das im Gletschereis konservierte Opfer in einer eigenen Kältekammer. Der Blick hinein ist etwas gruselig, Outdoor-Freunde schauen sich da schon lieber Ötzis Fellmütze, Bärenlederschuhe und Grasmantel an. ***Infos:*** *Di–So 10–18 Uhr, Aug. u. Dez. tgl., Zeitfenster für Kältekammer | 9 €, Fam. 18 € | Museumstr. 43 | Bozen | iceman.it*

Nov. Fr–Mi 10–18 Uhr | 12 €, Kinder 4 €, Fam. 26 € | Sigmundskronerstr. 53 | Bozen| messner-mountain-museum.it

ESSEN & TRINKEN

6 Osteria Dai Carrettai

Eigentlich ist „Zum Kärrner" ja eine Weinstube. Aber erzähl das mal den Gästen, die für die üppig belegten Bruschette Schlange stehen. ***Infos:*** *Mo–Sa 7–14, Mo–Fr 16.30–21 Uhr | Dr. Joseph Streiter-Str. 20b | Bozen | Tel. 0471 97 05 58 | €*

7 Gasthaus Vögele

In heimeligen Stuben wird feine Südtiroler Kost aufgetischt, also etwa geschmorte Kalbswangelen, Schüttelbrot-Eierteignudeln oder Kastanien-Apfel-Flan. ***Infos:*** *Mo–Sa 11–16 u. 18–23 Uhr | Goethestr. 3 | Bozen | Tel. 0471 97 39 38 | vogele.it | €€–€€€*

EINKAUFEN

8 Laubengasse und Obstmarkt

Inbegriff der Altstadt ist die Laubengasse, in unzähligen Lädchen und Geschäften findest du hier Mode und Kunst, Spezereien und Souvenirs. Tiroler Filzpantoffeln und italienische Schuhe, Viktualien in Kirschrot, Limettengrün und Gemüsebunt dann auf dem Obstmarkt (*Mo–Fr 7–19, Sa 7–13 Uhr*). Und was für ein Gedränge, wenn beim Bozener Christkindlmarkt Mandelduft und Gäste aus aller Welt die Altstadt füllen.

9 Weingut Loacker

Bevor du Sauvignon, Chardonnay, Magdalener und die anderen Bio-Weine kistenweise einpackst, mach ruhig die Probe aufs Exempel im romantischen Skywine Pavillon des modernen Weinguts. ***Infos:*** *Mo–Fr 9–13 u. 14–17 Uhr | Weinverkostungen ohne, Führungen mit*

BROT MIT BISS

Die steinhart getrockneten Hefe-Roggen-Teigfladen halten lang, was früher im kargen Südtirol ein Vorteil war

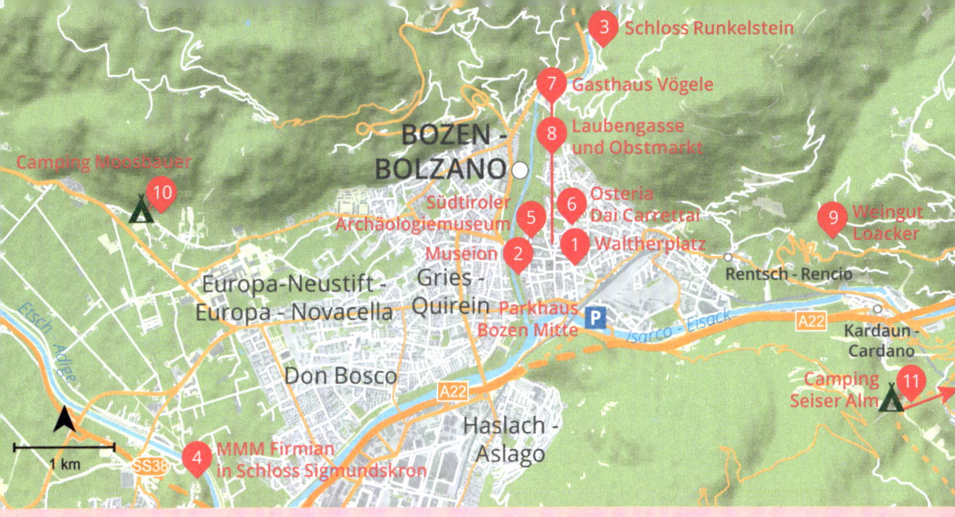

Anmeldung | St. Justina-Str. 3 | Bozen-St. Justina (Rittner Straße) | Tel. 0471 36 51 25 | loacker.bio

STELL- & CAMPINGPLÄTZE

10 Grüner Campingplatz vor der Stadt

Eben liegt der ganzjährig geöffnete Platz inmitten von Obst- und Weinplantagen. Von der nahen Autobahn hörst du nichts, das kleine, feine Restaurant zieht auch Nicht-Camper an, Rad- und Wanderwege beginnen vor der Haustür und dank Salzwasser-Pool fehlt dir nicht einmal die Adria. Auch nicht schlecht: Es wird klimaneutral gewirtschaftet, der Küchenchef gibt in Kochkursen seine Expertise in Sachen Nose-to-tail-Küche weiter, Baumtafeln und Lern-Orte auf dem Platz informieren über lokale Fauna und Südtiroler Besonderheiten, es gibt einen Bienenstock, eine Urban Gardening Lounge ... Keine Reservierungen.

Camping Moosbauer 

€€–€€€ | Meraner Str. 101 (ganz durchfahren, bis kurz vor Moritzinger Weg) | Bozen-Gries (ca. 4 km nordwestl. v. Bozen) | Tel. 0471 91 84 92 | moosbauer.com | GPS: 46.50320, 11.29956

▶ **Größe:** *80 Parzellen, 60–160 m² (CEE 6-16 Ampere)*
▶ **Ausstattung:** *Brötchenservice, Shop, Hundebad*

11 Übernachten auf der Alm

Die Lage 950 m üNN ist schon mal Spitze, du kannst sie sommers wie winters, mit Womo, im Zelt, in den Dolomiten Lodges oder einem der Holz-Chalets genießen. Für Kinder gibt es von Pool-Animation bis Streichelzoo reichlich Angebote. Keine halbe Stunde dauert es zu Fuß zum Völser Weiher, langlaufen kannst du quasi gleich vom Eingangstor aus und der nächste Skilift ist nur rund 2 km entfernt.

Camping Seiser Alm 

€€€ | Dolomitenweg 10 | Seiser Alm (20 km nordöstl. v. Bozen) | Tel. 0471 70 64 59| camping-seiseralm.com | GPS: 46.53267, 11.53284

▶ **Größe:** *180 Parzellen, 70–170 m² (CEE 4-16 Ampere), 11 Mobilheime und Luxushütten*
▶ **Ausstattung:** *Brötchenservice, Shop, Restaurant*

Brixen/Bressanone

Geschichte und Geschichten der Brixener Bischöfe

Freundlich ist Brixen und mit 21 000 Einwohnern nicht allzu groß. Das gilt auch für die Altstadt, die Hauptsehenswürdigkeit der kleinen Universitätsstadt. Hier findest du beim Bummeln die Prachtbauten der früheren Fürstbischöfe, kannst in netten besitzergeführten Läden nach dem idealen Mitbringsel suchen und in einem Café am Domplatz dem wuseligen Treiben oder in einer der lässigen Kneipen dem studentischen Leben außerhalb des Campus zuschauen.

P *Parkplatz aquarena | Altenmarktgasse 28/B | Brixen | GPS 46.72051, 11.65700*

FABELHAFTE FRESKEN

Ein Motiv im Brixener Domkreuzgang: Der Hl. Christopherus trägt das Jesukind auf den Schultern

AKTIVITÄTEN & SIGHTSEEING

1 Im aquarena planschen

Auf den Sprung ins kühle Nass musst du auch als Berg-Urlauber nicht verzichten, einfach rein mit dir in einen der acht Pools. Kinder lieben die Rutschen im Freibad, ringsum große Liegewiese mit Blick auf den Hausberg Plose, das andere Outdoor-Sportzentrum der Region. ***Infos:*** *Indoor-Pools tgl. 9–22 Uhr, 3 Std. 10 €, Kinder 6 €, Fam. 25 € | Altenmarktgasse 28 B | Brixen | acquarena.com*

2 Im Pharmaziemuseum deinen Zahnarzt lieben lernen

Kamille, Tausendschön und andere alte Heilmittel können richtig spannend sein, außerdem wirst du angesichts der Handbohrer und Schröpfköpfe garantiert zum Fan der modernen medizinischen Versorgung. ***Infos:*** *Di/Mi 14–18, Sa 11–16 Uhr, Juli/Aug. Mo–Fr 14–18, Sa 11–16 Uhr | 5 €, Kinder ab 11 J. 4 €, bis 10 J. frei, | Adlerbrückengasse 4 (über der Stadtapotheke) | Brixen | pharmaziemuseum.it*

3 Im Augustiner Chorherrenstift einen Wein trinken

Mönche trinken Bier? Nicht die Augustiner Chorherren von **Kloster Neustift,** die keltern seit 1142 besten Wein. Der lockt denn auch die meisten Besucher ins Stift, neben der barocken Basilika Mariä Himmelfahrt, versteht sich. ***Infos:*** *Mo–Sa 10– 7 Uhr | Führungen Mo–Sa 11 u. 14.30 Uhr, 15 € | Weinbergführung m. Weinverkostung Mo–Fr 16, Sa 14.30 Uhr, 20 € | Stiftstr. 1 | Vahrn (4 km nördl. v. Brixen) | Tel. 0472 83 61 89 | kloster-neustift.it*

4 In der Franzensfeste steinreich werden

Mächtige Mauern, 127,5 t Gold – juckte nur niemanden. Die ganze tragikomische Geschichte erzählt in einigen der unzähligen Räume, Gemächer und Stollen die gut gemachte Ausstellung „Kathedrale in der Wüste". Unbedingt auch anschauen: Infopoint zum Brenner-Basistunnel im Trakt links vom Eingang. ***Infos:*** *März–Nov. Di–So 10–16/18 Uhr, Führungen Mai–Okt. Di–So 11 u. 15 Uhr | Brennerstraße | Franzensfeste (12 km nördl.*

REGENTAG – UND NUN?

5 Im Brixener Domkreuzgang wandeln

Den Dom Mariä Himmelfahrt und St. Kassian kannst du erstmal links liegen lassen, das Highlight sind die romanischen und gotischen Fresken, mit denen fantasievolle Maler vom 14. bis 16 Jh. die Wände und Decken des Domkreuzgangs nebenan verzierten. Eine naturgetreue Darstellung darfst du nicht erwarten, dafür Details aus dem Leben Jesu, seiner Apostel und diverser Heiliger. ***Infos:*** *Ostern–Allerheiligen u. Dez. tgl. 6.30–18, sonst 6.30–12 u. 15–18 Uhr | Domplatz | Brixen | brixen.org, pfarrei-brixen.it*

v. Brixen) | 9 €, Fam. 18 €| festung-franzensfeste.it

Insider-Tipp
Maulwurf unterm Brenner

Schau dir auf der Baustelle Mauls den Brenner-Basistunnel von innen an (Fr 10 u. 14 Uhr | 8 € | bbtinfo.eu/baustellenbesichtigung).

ESSEN & TRINKEN

6 Künstlerstübele Finsterwirt

Feine Lokalküche, etwa Weißwein-Süppchen oder Carpaccio vom Villnösser Brillenschaf. ***Infos:*** *Di–So 11.45–14 u. 18.45–21 Uhr | Domgasse 3 | Brixen | Tel. 0472 83 53 43 | finsterwirt.com | €€€*

7 Decantei

Erst an der Bar einen Bier-Aperitif oder Bier-Cocktail nehmen, dann im Innenhof gepflegt Hirschrücken mit Schüttelbrotkruste oder Knödelquartett speisen. ***Infos:*** *tgl. 11.30–14 u. 18.30–21 Uhr | Hartwiggasse 5| Brixen | Tel. 0472 67 42 70 | decantei.it | €€–€€€*

EINKAUFEN

8 Winkler Gartencenter

Hier bist du richtig, wenn du ein italienisches Apfelbäumchen pflanzen willst, einen Oliven- oder Feigenbaum im Topf für die Terrasse suchst oder deinen Garten mit wärmeliebendem Ziergrün auf steigende Temperaturen vorbereiten willst. ***Infos:*** *Mo–Fr 8–12 u. 14–18, Sa 8–12 Uhr | Romstr. 10 (beim Friedhof) | Brixen | Facebook: Gartencenter Winkler*

9 Klosterladen

Weine von Kloster Neustift, auch Klosterbitter und Brände. Außerdem kannst du Schüttelbrot, Speck, Käse und

NATURPARK IM BLICK

Camping Löwenhof mit Blick auf die Lüsner Berge, die teils schon zum Naturpark Puez-Geisler gehören

Kaminwurzen für die nächste Marende kaufen, die zünftige Südtiroler Brotzeit, sowie Honig, Marmeladen und andere Produkte befreundeter Klöster. ***Infos:*** *Mo–Sa 10–19 Uhr | Stiftstr. 1 (in der ehem. Mühle, noch vor dem Eingang zum Augustiner Chorherrenstift) | Vahrn (4 km nördl. v. Brixen) | kloster-neustift.it*

STELL- & CAMPINGPLÄTZE

10 Praktischer Halt für eine Pause

Kombi-Vorzüge von Camping und Hotel, denn der kleine, in Reihen gut genutzte Platz befindet sich verkehrsgünstig an der SS12, unmittelbar hinter dem gleichnamigen Hotel Löwenhof. Dessen Angebote kannst du als Camper gegen Gebühr mitnutzen, also Frühstück, schickes Restaurant, Pizzeria, Sonnenterrasse, Spa und Wellness mit Whirlpool. Spielzimmer und Freizeitraum gehören zum Campingplatz, das vielversprechende Bergpanorama gibt es für alle kostenlos dazu.

Camping Löwenhof 

€–€€ | Brennerstr. 60| Vahrn (2 km nördl. v. Brixen) | Tel. 0472 83 62 16 | loewenhof.it | GPS: 46.73479, 11.64768

▶ **Größe:** *53 Parzellen (durchweg CEE 6 Ampere), 50–80 m², 5 Mobilheime*
▶ **Ausstattung:** *Brötchenservice, Kiosk*

11 Hinauf zu schwindelnden Höhen

Bei der Anfahrt nur nicht aufgeben, immer weiter rauf, zum feinen neuen Campingplatz in Vals gleich neben der Talstation der Jochtal-Seilbahn. Die Ausstattung ist einwandfrei: Restaurant, kleiner Shop, Gemeinschaftsanlagen in Lärchenholz mit Spielraum für Kinder, alles vorhanden. Einen Pool gibt es nicht, jedoch einen Skitrockenraum für Wintersportler. Auf jeder der weitläufigen Terrassen atmest du klare Bergluft und kannst dich in 1373 m Höhe akklimatisieren, bevor es weiter hinaufgeht zu den Gipfeln ringsum.

Naturcamping Lärchwiese 

€–€€ | Jochtalstr. 5a | Vals (22 km nördl. v. Brixen in Gitschberg/Jochtal) | Tel. 0472 69 49 45 | camping-laerchwiese.com | GPS: 46.84865, 11.62025

▶ **Größe:** *91 Parzellen, 50–160 m² (CEE 13–16 Ampere)*
▶ **Ausstattung:** *Brötchenservice*

Bruneck/Brunico

Romantische Altstadt und gleich zwei Bergmuseen

Die hübsche, überschaubare Altstadt wirst du samt doppeltürmiger Pfarrkirche schnell besichtigt haben. Mehr Zeit brauchen da schon die beiden MMMs, die Messner Mountain Museen vor Ort. Zu Ripa auf Burg Bruneck musst du am Stadtrand nur ein wenig hinaufsteigen, Corones aber liegt auf dem 2275 m hohen Kronplatz-Plateau. Du kommst zu Fuß herauf oder, schneller und gemeinsam mit vielen anderen Museumsbesuchen, Wanderern und Skifahrern, mit der Seilbahn.

P *Bahnhofsparkplatz | Europastr. 1 | Bruneck | kostenfrei | GPS 46.79302, 11.92803; Parkplatz Talstation Seilbahn Kronplatz | Reiperting 23/Seilbahnstr. 10 | Bruneck-Reischach | kostenfrei | GPS 46.77321, 11.94068*

FUSION VON NATUR & ARCHITEKTUR

Stararchitektin Zaha Hadid baute das MMM Corones spektakulär in den Bergipfel hinein

AKTIVITÄTEN & SIGHTSEEING

1 Im Freilichtmuseum ins Leben der Anderen schauen

An diesem Herd hat die Trattmann-Bäuerin gekocht, im Ansitz Mair steht noch die Kinderwiege der von Sternbachs: Das **Südtiroler Landesmuseum für Volkskunde** öffnet Fenster ins Leben früherer Südtiroler. ***Infos:*** *15. April–Okt. Di–Sa 10–17, So 14–18 Uhr | 9 €, Fam. 18 € | Herzog-Diet-Str. 24 | Dietenheim (2 km nordöstl. v. Bruneck) | volkskundemuseum.it*

2 Im Solebecken des Cron 4 entspannen

Klar geht es in einem zertifizierten Kneipp-Betrieb um Wasser und Bewegung, aber auch um Relaxen in Sauna, Sprudel- und Solebecken. Für mehr Action sorgen die 75 m lange Wasserrutsche, das 25-m-Sportbecken (Bademütze!) und der Funpool. ***Infos:*** *Tgl. 10–22, Mi u. Fr zusätzl. 6–8 Uhr, Rutschbahn tgl. ab 14 Uhr | Hallenbad 2,5 Std. 9 €, Kinder. 5 €, Fam. 23 € | Im Gelände 26 | Bruneck-Reischach | cron4.it*

3 Auf dem Kronplatz dem Himmel ganz nah kommen

4,5 Stunden dauert es zu Fuß, elf Minuten mit der Seilbahn auf das 2275 m hohe Bergplateau – ideal, wenn du Gleit- und Drachenflieger bist, Biker oder Wanderer. Skifahrer sowieso, denn der Plan de Corones ist eines der größten Skigebiete Südtirols, Teil des Dolomiti Superski. ***Infos:*** *Kronplatz 2000 | Seilbahnstr. 10 | Bruneck-Reischach | Hin und zurück 25 €, erm. 18 €, Kinder bis 8 J. kostenlos | Tageskarte Sommer 39 €, erm. 27 €, inkl. Bike | kronplatz.com*

Insider-Tipp

High Noon auf dem Kronberg

Täglich um 12 Uhr läutet die Friedensglocke Concordia 2000 – und immer, wenn auf der Welt die Todesstrafe oder ein Todesurteil aufgehoben oder ein Krieg beendet wurde.

4 Im MMM Corones das Innerste der Berge entdecken

Eine kühne Symbiose von Architektur und Berg schuf Architektin Zaha Hadid mit dem sechsten **Messner Mountain Museum**. Das Thema ist „Alpinismus", die spektakuläre Kulisse liefern die Gipfel um den Kronplatz: Lienzer und Zillertaler Dolomiten, Ortler und die Marmo-

REGENTAG – UND NUN?

5 Den Yeti suchen

Auf **Schloss Bruneck** stellt Reinhold Messner im **Messner Mountain Museum Ripa** Bergvölker vor, darunter Inka, Sherpas und Südtiroler. Ein für Kinder konzipierter Rätsel-Rundgang macht die Erkundung von Burgfried, Messerturm und Wärterhaus zu einem spaßigen Suchspiel. ***Infos:*** *2. So im Mai–1. Nov. Mi–Mo 10–18, nach Weihnachten–April 12–18 Uhr | 10 €, Kinder 4 € | Schlossweg 2 | Bruneck | messner-mountain-museum.it*

lada – Wahnsinn! ***Infos:*** *1. Sa im Juni–2. So im Okt.und Ende Nov.–Mitte April tgl. 10–16 Uhr (passt zur Seilbahn Reischach) | Kronplatz Gipfelplateau | messner-mountain-museum.it*

ESSEN & TRINKEN

6 Weißes Lamm

Zur historischen Gaststube musst du zwei, drei Stufen hinabsteigen, das Essen aber ist ganz auf der Höhe der Zeit: saisonal, regional, zeitgemäß, doch nicht zu fancy. ***Infos:*** *tgl. 12–14 u. 19–23 Uhr | Stuckstr. 5 | Bruneck | Tel. 0474 41 13 50 | weisseslamm.it | €€*

7 Reiterstube

Wildgulasch, Aprikosenknödel, Risotto, Pesce (Fisch), Tagliatelle ... beste Südtiroler-italienische Küche bekommst du bei Herrn Rossi auf dem Reiterhof. ***Infos:*** *Di–So 9–14 u. 19–21 Uhr | Im Gelände 1 (gegenüber Cron4) | Bruneck-Reischach | Tel. 0474 40 93 95 | restaurant-reisterstube.business.site | €€*

EINKAUFEN

8 Bergila

Deine Nase führt dich in den Kräuterladen, der nach Latschenkiefernöl duftet, nach Tees, Salben, Duftkissen, Badezusätzen und Seifen aus und mit Pflanzen aus lokalem Bio-Anbau. ***Infos:*** *Mo–Fr 9–12 u. 13–18 Uhr, Juli/Aug. auch Sa/So | Führungen Mai–Okt., kostenlos | Weiherplatz 8 | Issing/Pfalzen (9 km westl. v. Bruneck) | bergilia.com*

WIE BEI HOBBITS

Im Camping Residence Corones kann man in Weinfässern wohnen

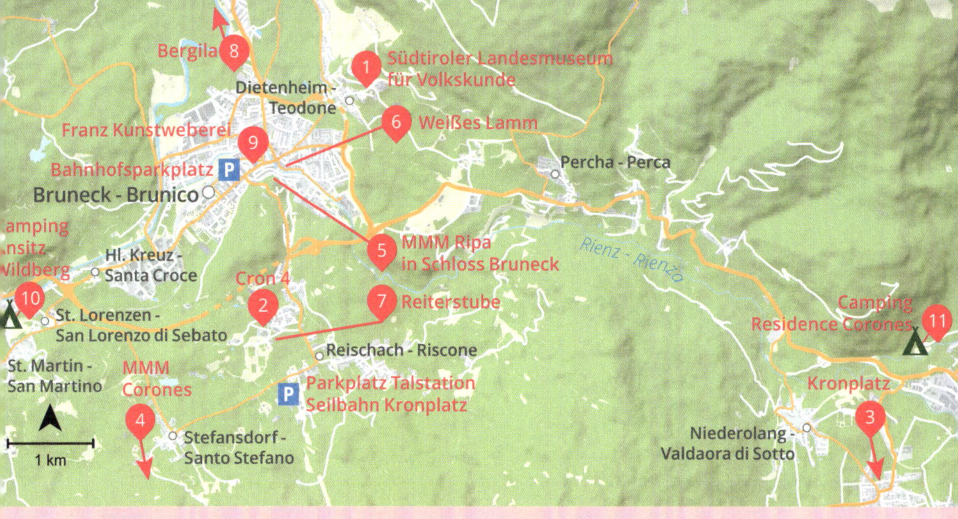

9 Franz Kunstweberei

Charmant retro: Der Traditionsbetrieb lädt mit „Tiroler Stoffen", Tisch- und Bettwäsche, Wollpullovern und Leinentüchern zum Stöbern und Shoppen ein. ***Infos:*** *Mo–Fr 9–12 u. 14–18, Sa 9–12 Uhr | Hauptgeschäft (mit kleinem Outlet): Michael-Pacher-Str. 9; Zweigstelle: Am Graben 8 | Bruneck | tessiturafranz.it*

STELL- & CAMPINGPLÄTZE

10 Bequemcamping auf dem Bauernhof

Der langgestreckte moderne Sanitärbau teilt den 4 ha großen Platz in obere und untere Hälfte, die Bäumchen müssen hier wie dort noch wachsen. Rezeption und Treffpunkt im alten Hof von Betreiberfamilie Steinkasserer, nebenan schön eingewachsener Teich.

Camping Ansitz Wildberg 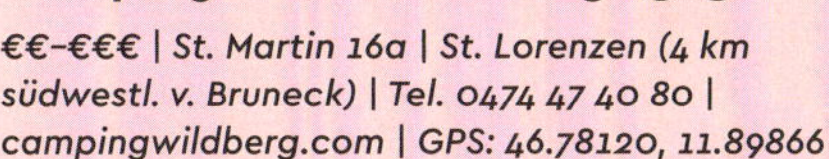

€€–€€€ | St. Martin 16a | St. Lorenzen (4 km südwestl. v. Bruneck) | Tel. 0474 47 40 80 | campingwildberg.com | GPS: 46.78120, 11.89866

- **Größe:** *154 Parzellen, 60–125 m² (CEE 6-16 Ampere)*
- **Ausstattung:** *Shop, Skitrockenraum, Pool, Streichelzoo*

11 Wo Camper auch mal ein Fass aufmachen

Übermannsgroße umgebaute Weinfässer bieten als Glamping-Unterkünfte neben Blockhäusern und Apartments jeglichen Komfort. Auch unter den mobilen Campern ist der Terrassenplatz mit dem tollen Dolomitenpanorama am Eingang zum romantischen Antholzer Tal sehr beliebt. Die Lage direkt an der Tal-Hauptstraße mit Bushaltestelle ist praktisch, das Verkehrsrauschen schirmt eine Lärmschutzwand gut ab und nachts ist es auf dem ganzen Platz eh friedlich und ruhig.

Camping Residence Corones 

€–€€€ | Gepaiden 13 | Rasen-Antholz (12 km östl. v. Bruneck) | Tel. 0474 49 64 90 | corones.com | GPS: 46.77549, 12.03716

- **Größe:** *150 Stellplätze, davon 135 Parzellen, 90–120 m² (CEE 16 Ampere), 3 Campingfässer, 3 Chalets, 2 Lodges, 19 Apartments*
- **Ausstattung:** *Brötchenservice, Shop, Restaurant, Sauna, Wellness, Pool*

Toblach/Dobbiaco

Trubeliges Sportlerziel im Zeichen der Drei Zinnen

Wandern, Klettern, Biken sind die Sommer-Highlights um Toblach im sonnenverwöhnten Hochpustertal; der Winter ist deine Zeit, wenn du Touren gehst, Langlauf- oder Abfahrtsski fährst. Auch beim „Wo?“ hast du die freie Auswahl: im eher flachen Toblacher Feld am Talgrund, in den Villgratner Bergen nördlich davon oder in den grandios-schroffen Sextner Dolomiten im Naturpark Drei Zinnen im Süden. Und über allen und allem lacht 268 Tage im Jahr die Sonne.

P *Parkplatz bei der Mittelschule | Mittelweg | Toblach | GPS 46.73340, 12.22094*

AUSSICHTSREICH

Von Toblach aus erreicht man etliche Mountainbike-Trails – manche (wie hier) mit Blick auf die Drei Zinnen

AKTIVITÄTEN & SIGHTSEEING

1 In der Sennerei Drei Zinnen beim Käsemachen zusehen

Ist alles Käse, aber was für leckerer! Im kleinen Museum lernst du die regionale traditionelle Almkäserei kennen, die moderne Praxis zeigen vormittags die Käsemeister ihren „Lehrlingen" auf der Besuchergalerie. ***Infos:*** *Di–Sa 8–19, So 10–18 Uhr, Zuschauen Di–Fr 8–13 Uhr | 4 €, mit großer Verkostung 8,90 € | Pustertaler Str. 3c | Toblach | Tel. 0474 97 13 17 | 3zinnen.it*

2 Am und im Toblacher See die Blautöne zählen

Himmel-, Nacht-, Ultramarin-, Veilchen-, Eisblau und alle Schattierungen dazwischen, dazu die Grünpalette des Mischwalds und die Grautöne der Dolomiten – pass auf, dass du auf dem Uferweg zwischen Ausflüglern und Freizeitsportlern nicht in einen Farbenrausch gerätst. ***Infos:*** *Höhlensteintal (4 km südl. v. Toblach auf der SS51) | Sommer-Bootsverleih Tel. 0474 97 32 67 | drei-zinnen.info* ***Parken:*** *Kostenpflichtiger Parkplatz am Hochufer, GPS 46.70501, 12.22029*

Insider-Tipp
Spitzen-Blick aufs Bergtriple

7 km südlich vom See auf der SS51 siehst du am Aussichtspunkt zu den Drei Zinnen die berühmte Gipfelgruppe wie gerahmt (GPS 46.63984, 12.23291).

3 Im Bunkermuseum Geschichte erleben

Tief im Berg belauerten und bekämpften sich die Menschen, keine 40 Jahre ist das her. Erfahre alles über Alpenwall und Kalten Krieg im Gängelabyrinth des Bunkers Baumannhof. ***Infos:*** *Juni–Ende Sommersaison | Mo–Sa 13.30–18.30 Uhr | 5 €, Kinder 3 € | Pustertaler Str. 19 | Toblach | bunkermuseum.net*

4 Auf dem Drauradweg Toblach–Lienz strampeln

Von 1242 m Höhe auf 673 m und auf Asphalt läuft es wie von selbst. Berg und Tal sausen nur so an dir vorbei auf den knapp 50 km vom Bahnhof Toblach über Innichen, Vierschach und Winnebach ins österreichische Tirol, unterwegs kannst

REGENTAG – UND NUN?

5 Im Grand Hotel die Dolomiten entdecken

Das frühere Grand Hotel ist heute ein Kulturzentrum mit dem **Naturparkhaus Drei Zinnen.** Hier kannst du über die Anfänge des Alpinismus staunen und viel erfahren über die Naturparks Drei Zinnen und Fanes-Sennes-Prags, Geologie, Bergseen, Dolomitenfront im Ersten Weltkrieg und Unesco-Welterbe Dolomiten. ***Infos:*** *Anf. Mai–Okt. Di–Sa 9.30–12.30 u. 14.30–18 Uhr, Juli/Aug. auch So | Eintritt frei | Dolomitenstr. 37 | Neu-Toblach | naturparks.provinz.bz.it*

du vielfach einkehren und zurück geht zur Not ein Bus (*Fahrrad-Ticket besser vorbuchen unter tickets.oebb.at*). ***Infos:*** *drauradweg.com*

ESSEN & TRINKEN

6 Hans

Auf die Pizza ist Verlass bei Familie Niederkofler, von Marinara bis Bufalina alles knusprig, frisch und lecker. Und auch wenn Nutella Tiramisu nicht allen schmeckt, im Grunde ist „der Hans" immer eine gute Wahl. ***Infos:*** *Tgl. 12–15 u. 17.30–23.30 Uhr | Pustertaler Str. 9 | Toblach-Dorf | Tel. 0474 97 21 87 | pizzeria-hans.com | €–€€€*

7 Restaurant Nordic Arena Toblach

Spinatspatzen, Pressknödel, Hirschgulasch … Wirtin Manuela bringt im Sportzentrum solide Hausmannskost auf den Tisch. Mit den italienisch-südtiroler Küchenklassikern füllen nicht nur Sportler ihre Energiereserven gerne auf. ***Infos:*** *Mo–Sa 11.30–14.30 u. 18–21 Uhr, Bar 9–22 Uhr | Seeweg 16 | Toblach | Tel. 0328 887 88 92 | nordicarena-toblach.it | €€*

EINKAUFEN

8 Salewa Store Toblach

Wer beim Biken und Hiken sein Material nicht schont und Ersatz benötigt, findet vom Bandana bis zum Wanderschuh hochwertiges Equipment im gut sortierten Store von Südtirols bekanntestem Outdoor-Ausstatter. ***Infos:*** *Mo–Sa 9–12 u. 15–19 Uhr | Dolomitenstr. 7 (zw. Bahnhof u. Touristeninformation) | Toblach | salewa.com*

RUNDWEG TOLL

Camping Toblacher See. Um den See führt ein Naturerlebnisweg mit elf Stationen zu Flora, Fauna und Geomorphologie der Gegend

9 Trachten Stüberl

Die Lodenjoppe, die du in diesem traditionsbewussten Trachtengeschäft kaufst, hält dich garantiert noch viele Winter lang warm. Und sieht dabei immer top aus. ***Infos:*** *Mo–Sa 9–12 u. 15–19 Uhr | St. Johannesstr. 69 | Toblach | appartements-santer.it*

STELL- & CAMPINGPLÄTZE

10 Aktiv am Flüsschen Rienz

Ebener, baumbestandener Platz vor den Toren Toblachs zwischen Rienz und mäßig befahrener Bahntrasse. Du kannst vom Fleck weg losradeln oder im Winter mit Langlaufskiern auf FIS-Loipen z. B. zum Pragser Wildsee aufbrechen, außerdem hält der Stadt- und Wanderbus direkt vor der Tür. Abends locken Pizzeria und Baita (uriges Restaurant) mit Vollwertküche und Tanzabenden. Kinder freuen sich besonders über Pool und Streichelzoo (nur im Sommer).

Camping Olympia

€€ | Via Camping 1 | Toblach | Tel. 0474 97 21 47 | camping-olympia.com | GPS: 46.73441, 12.19366

▶ **Größe:** *212 Parzellen, 90–100 m² (CEE 6-16 Ampere) , 19 Mobilheime*
▶ **Ausstattung:** *Brötchenservice, Shop, Wellness, Grillplatz, Spielplatz*

11 Logenplätze am lauschigen Bergsee

Ein Bad im See im Morgengrauen zählt zu den Vorteilen, die du als Camper am Toblacher See genießt. Besonders schön übrigens von der Zeltwiese unmittelbar am See aus. Dazu kommt die unübertreffliche Lage der leicht terrassierten Platzreihen am baumbestandenen Nordwestufer mit spektakulären Dolomitengipfeln als Kulisse. Bei der Rückkehr von Wanderungen, Skiausflügen, Bike- oder Klettertouren ist ein Platz im Saunafass sehr begehrt. Wahlweise im Restaurant mit gut bestücktem Weinkeller.

Camping Toblacher See

€€–€€€ | Toblacher See 3 (Anfahrt für Camper über den Uferweg) | Toblach | Tel. 0474 97 31 38 | toblachersee.com | GPS: 46.70640, 12.21824

▶ **Größe:** *125 Stellplätze, davon 105 Parzellen, 40–120 m² (CEE 16 Ampere), 12 Mobilheime*
▶ **Ausstattung:** *Brötchenservice, Shop*

BURG & BERG

Malcesine mit der berühmten Skaligerburg und im Hintergrund dem Monte Baldo

Sportler und Sonnenfreunde lieben diesen See

Einmal rund um den Gardasee

Pack die Badehose ein … und dann nichts wie runter an den Gardasee. Seit Generationen schon hält der Bènaco oder Lago di Garda, wie der See auf Italienisch heißt, sein Versprechen von Wasserspaß und Sonnenschein, ob du nun die „sportliche Hälfte" mit Bergen und Wind im Norden bevorzugst oder die Badestrände am breiteren Seeabschnitt im lieblichen Süden. Durch insgesamt drei Provinzen führt deine Rundtour: Trentino, Venezien und die Lombardei haben alle Anteil am größten See Italiens.

Strecke 140 km

Reine Fahrzeit 4 Std.

Streckenprofil Um den See führt die meist schmale Uferstraße Gardesana. Der Verkehr ist erheblich, vor allem im Sommer brauchst du Geduld. Alternativen im Süden: 10 km A4 oder SR11. Abstecher auf Bergstraßen oft steil und kurvig.

Empfohlene Dauer 5 Tage

Anschlusstouren

D

FACTS

Tour C im Überblick

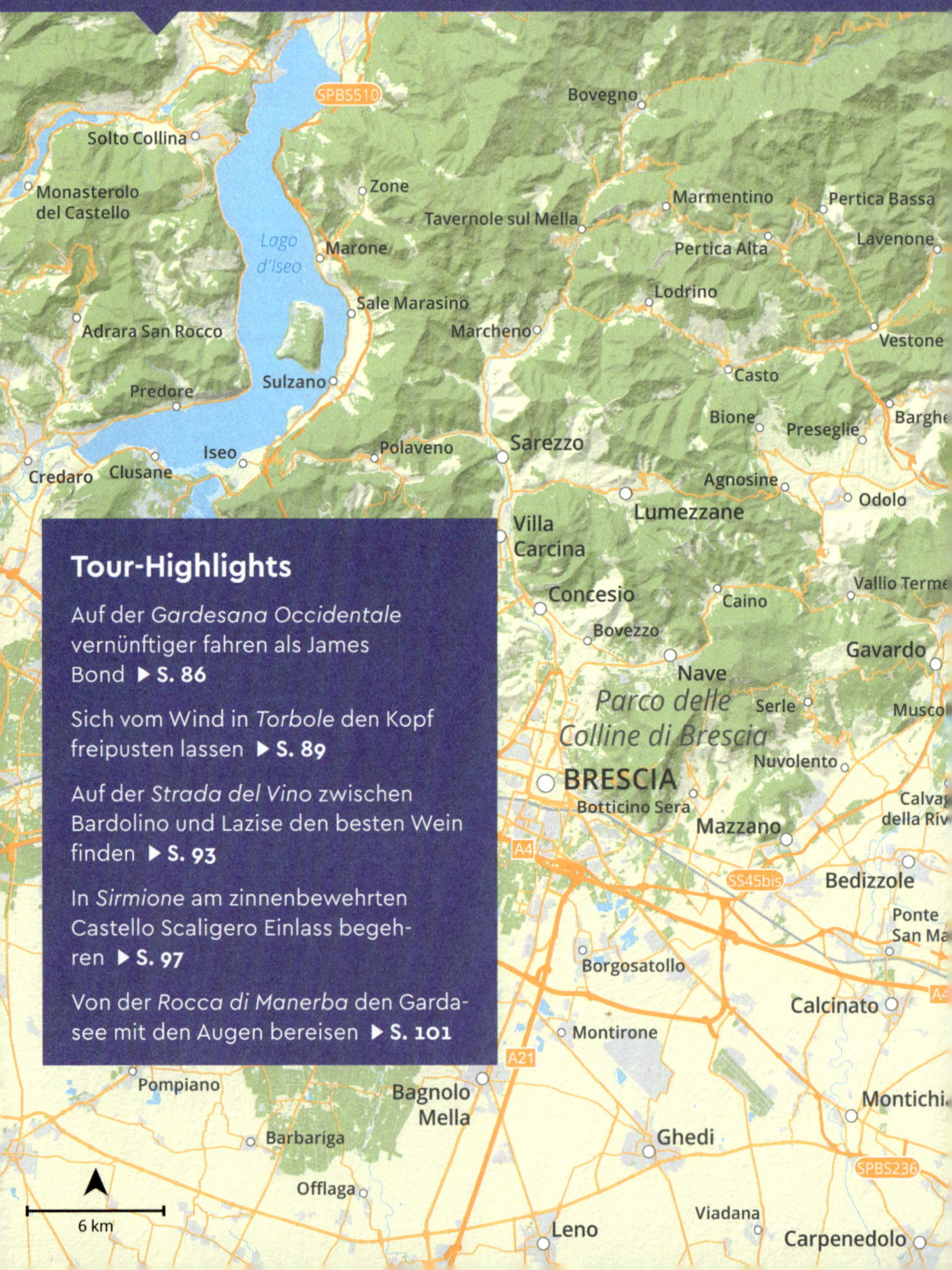

Tour-Highlights

Auf der *Gardesana Occidentale* vernünftiger fahren als James Bond ▶ **S. 86**

Sich vom Wind in *Torbole* den Kopf freipusten lassen ▶ **S. 89**

Auf der *Strada del Vino* zwischen Bardolino und Lazise den besten Wein finden ▶ **S. 93**

In *Sirmione* am zinnenbewehrten Castello Scaligero Einlass begehren ▶ **S. 97**

Von der *Rocca di Manerba* den Gardasee mit den Augen bereisen ▶ **S. 101**

Riva del Garda
Seite 88
9
Arco
Ronzo-Chienis
Rovereto
Molina di Ledro
Torbole
Storo
Mori
A22
Limone sul Garda
Seite 104
13
Brentonico
Bondone
Monte Baldo
Tignale
Malcesine
Parco alto Garda bresciano
Ala
Avio
Parco Naturale Regionale della Lessinia
Limonaia la Malora
ardone Riviera
Salò
ite 100
Erbezzo
San Zeno di Montagna
Toscolano Maderno
Sant'Anna d'Alfaedo
Caprino Veronese
12
Torri del Benaco
Dolcè
San Felice del Benaco
Garda
Rivoli Veronese
Marano di Valpolicella
A22
Affi
Lago di Garda
Bardolino
Negrar di Valpolicella
Lazise
Seite 92
10
San Pietro in Cariano
Grezzana
Padenghe sul Garda
Quinto
Montericco
Pescantina
Sirmione
Bussolengo
Colà
Poiano
SS12
San Martino della Battaglia
Basson
VERONA
11
Lugagnano
A4
T4-T9
San Giorgio in Salici
esenzano del Garda
Peschiera del Garda
Seite 96
Sommacampagna
A4
Dossobuono
astiglione elle Stiviere
Ca' di David
Solferino
Rizza

© Tourenverlauf

Start & Spot 9

Riva del Garda

Klettern und Surfen beim Hotspot im Norden ▶ **S. 88**

18 km Kaum in Riva gestartet, lohnt sich schon in Nago-Torbole ein kleiner Abstecher zur Aussichtsplattform **Belvedere di Nago**.

📷 *Komm früh zum Belvedere di Nago, dann hast du Morgensonne auf Gardasee und Monti di Riva – und gute Chancen auf einen der wenigen Parkplätze (SS240dir | GPS 45.88081, 10.88584).*

Am See entlang führt anschließend nur die SS249 nach Süden, die **Gardesana Orientale**. Lass dich vom meist dichten Verkehr nicht stressen und genieße die schöne Fahrt. Unterwegs gibt es immer mal wieder Gelegenheit, auf einen kleinen Parkplatz am Ufer rauszufahren. Spätestens in Malcesine solltest du das auch tun.

Malcesine

Ein Gardasee-Ort, wie er im Buche steht: Hübscher kleiner Hafen **Porto Vecchio,** die malerischen, kopfsteingepflasterten Gassen und historischen Palazzi drumherum bewacht vom **Castello Scaligero** (*April–Okt. tgl. 9.30–19.30 Uhr | 6 €, Kinder 3 € | Via Castello | comunemalcesine.it*). Besonders schön ist eine Fahrt mit der Seilbahn **Funivia Malcesine Monte Baldo** (*tgl. 9–17 Uhr | hin u. zurück 25 €, Kinder 15 €, bis 1,20 m frei | Via Navene Vecchia 12 | funiviadelbaldo.it*).

P *Parcheggio Centro 2 | Piazza Statuto 27 | Malcésine | GPS 45.76409, 10.80844*

28 km Olivenbäume, Zypressen und lockere Bebauung säumen die Gardesana auf deinem Weg über das kleine Segelzentrum **Brenzone sul Garda,** das beschauliche **Torri del Benaco** mit Skaligerburg und Strandpromenade und den idyllischen **Parco Baia delle Sirene** (*parcobaiadellesirene.it*) auf der Punta San Vigilio bis Garda, der Ort, dem der See seinen Namen verdankt.

Garda

Eigentlich ist das rege Urlaubszentrum selbst nach der **Rocca di Garda** benannt, dem Hausberg mit der schönen Aussicht. Der Ort Garda schmiegt sich an eine große, geschützte Bucht. Im eh schon milden

Gardasee-Klima ist es hier nochmal ein bisschen wärmer, die Oliven noch üppiger, die Blumen und Blüten noch prächtiger. Dazu passen Palazzi, breite Strandpromenade und dass es gleich mehrere Häfen gibt. Wie wäre es mit einem Bootsausflug? Fast alle **Navigarda-Fähren** (*navigazionelaghi.it*) laufen das Garda-Fährterminal an.

Insider-Tipp

Fünf auf einen Streich

Wenn du morgens in Garda die Fähre nimmst, kannst du in einer einzigen Tagesrundreise auch noch die Gardasee-Schönheiten Bardolino, Lazise, Peschiera und Sirmione kennenlernen.

P *Parcheggio Parco degli Albertini | Via Lungolago Pincherie | Garda | parcodeglialbertini.it | GPS 45.57760, 10.70323*

9 km Hier im Süden des Gardasees treten die Berge zurück und verwandeln sich in Hügel. Weinberge mischen sich unter die Olivengärten und du fährst durch die Weindörfer Bardolino und Cisano, bevor du Lazise erreichst.

Spot 

Lazise

Venezianischer Handelshafen, malerisch und lebhaft ▶ **S. 92**

STILL RUHT DER SEE

Windstille bei Torbole. Eigentlich ist das aber ein Surfer-Mekka ...

SAN FRANCISCO, ITALY

Das San Francesco Camping Village liegt am westlichen Ansatz der Halbinsel von Sirmione

11 km | Die Landschaft bleibt lieblich, der Verkehr auf der SR249 nimmt zu. Vor allem um die zwei großen Vergnügungsparks (▶ Spot Lazise, S. 93) musst du mit Staus rechnen. Aber irgendwann hast du auch das geschafft und fährst durch die stolze Porta Verona in Peschiera ein.

Spot 11

Peschiera del Garda

Authentische Festungsstadt am Beginn des Mincio ▶ **S. 96**

Optionaler Anschluss: Tour D

15 km | Schneller ginge es auf der SP11 oder der Autobahn, aber gemütlicher ist der Weg nach Westen am Seeufer entlang. Außerdem führt dich diese Route direkt am Abzweig nach Sirmione vorbei, der „Perle des Gardasees" am Ende einer fast 4 km langen schmalen Halbinsel (mehr dazu beim Spot Peschiera, ▶ S. 97). Die darauffolgenden Strandbäder sind durchweg gut besucht, Rivoltella zum Beispiel geht fast nahtlos in Desenzano über.

Desenzano del Garda

Die größte Stadt am Gardasee zeigt ihre Schätze nicht ohne Weiteres. Aber wenn du dir Zeit nimmst, findest du etwa im **Duomo Santa Maria Maddalena** (*tgl. 7.30–11.30 u. 16–18.30 Uhr | Eintritt frei | Via Roma 5*)

Tiepolos „Das letzte Abendmahl" oder im Museum der **Villa Romana** (*Di–Sa 9–19.30, So 14.10–19.30 Uhr | 4 €, Kinder frei | Via Crocefisso 22 | villaromanadesenzano.beniculturali.it*) beschwingte römische Bodenmosaike. Flair hat die Stadt auch, wie du beim Bummel auf dem **Lungolargo Battisti** entlang des leuchtturmbeschützten Porto Vecchio schnell feststellst, oder beim Caffè auf der zentralen **Piazza Malvezzi**.

P *Parcheggio P4 | Piazza Bagatta | Desenzano sul Garda | GPS 45.46929, 10.53917*

San Francesco Camping Village
Womos in der ersten Reihe am See, Bungalows im ruhigen Garten, Sport, Pools, Wellness, Ausflüge ... der großzügige Platz liegt günstig und hält dir alle Möglichkeiten offen.

i *Strada Vicinale San Francesco | Desenzano del Garda | campingsanfrancesco.com | Tel. 030 911 02 45 | GPS 45.46536, 10.59455 | 343 Parzellen, 60–95 m² (CEE 6–10 Ampere), 202 Miet-Mobilheime*

20 km Weiter geht es auf der gut ausgebauten SP572. Die verlässt bei Padenghe sul Garda die von wohlhabenden Dörfern wie San Felipe del Benaco, schönen Kiesstränden und Campingplätzen bestimmte Küste und führt durch anmutige grüne Hügellandschaft nach Salò.

Spot 12

Salò
Elegantes Einkaufsparadies um Altstadt und Hafen ▶ **S. 100**

5 km Ab Salò beginnt die Westküste des Gardasees und mit ihr die **Gardesana Occidentale,** das Teilstück der SS45bis bis hinauf nach Riva. In ihrem ersten Drittel verläuft die zweispurige Uferstraße ziemlich geradeaus durch ruhige Küstenorte wie Gardone Riviera.

Gardone Riviera

Noch milder als eh schon am Gardasee ist das Mikroklima in Gardone, was die zahlreichen Parks und Gärten des grünen Küstenortes aufs Schönste unterstreichen.

P *Parcheggio | Via al Vittoriale 12 | Gardone Riviera | GPS 45.62323, 10.56417*

Girodano Botanico – Fondazione Heller

Kein klassischer Botanischer Garten, dafür schlängeln sich im Andrè-Heller-Garten schmale Wege durch üppiges Grün, dazwischen entdeckst du immer wieder witzige, seltsame oder einfach schöne Objekte.

i *März-Okt. tgl. 9–17, April–Sept. bis 19 Uhr | 12 €, Kinder 6–11 J. 5 €, bis 5 J. Eintritt frei | Via Roma 2 | Gardone Riviera | hellergarden.com*

Il Vittoriale degli Italini

Gabriele D'Annunzio ist einer der bekanntesten und durch seine faschistische Haltung umstrittensten Dichter Italiens. Das Anwesen am nordöstlichen Ortsrand von Gardone, in dem er die letzten 17 Jahre seines Lebens bis 1938 verbrachte, zählt heute zu den meistbesuchten Museen des Landes. Vielleicht liegt das an der extravaganten Villa, vielleicht am 9 ha großen Park ringsum mit Mausoleum, Freilicht-Amphitheater, Schlachtkreuzer Puglia und Schwanensee mit Delfin-Brunnen.

i *Tgl. 9/9.30–19 Uhr, Nov.–April Di–So 9–17/17.30 Uhr | 18 €, Kinder 7–18 J. 14 €, bis 6 J. frei | Via al Vittoriale 12 | Gardone Riviera |vittori ale.it*

14 km Wenn bei deiner Weiterfahrt, noch im Gemeindegebiet von Gardone, links die Hügel wieder höher werden, bist du schon im Naturschutzgebiet **Parco del Alto Garda Bresciano,** das neun Gemeinden im Dreieck Salò – Valvestino – Tignale umfasst. Vollends bergig ist es dann bei Gargnano.

Limonaia la Malora

Im Schutz der nahen Gardaseeberge ist das Klima an der Westküste besonders mild. Mit einigen Vorsichtsmaßnahmen können hier sogar Zitrusfrüchte angebaut werden, ab Gargnano zieht sich die sogenannte Zitronenriviera, Riviera dei Limoni, nordwärts. Wirtschaftlich spielt das keine Rolle mehr, doch das nostalgische Lokalkolorit auf der intakten Zitronenterrasse Limonaia la Malora ist trotzdem ein Erlebnis.

i *März-Okt. Mi–Mo 10–12 u. tgl. 15–18 Uhr | 5 € | limonaialamalora.it*

20 km Nördlich von Gargnano beginnt der gewundene, für seine Tunnel und abenteuerlich in den Fels geschlagenen Galerien berühmte Abschnitt der **Gardesana Occidentale.** Die bewundernswerte Ingenieurleistung kam schon mehrfach zu Filmehren, etwa bei der anfänglichen Verfolgungsjagd des James-Bond-Films „Ein Quantum Trost". Die Sache endet nicht gut. Du solltest also der Versuchung widerstehen, eine Actionszene nachzustellen, das ist keine Straße zum Durchbrettern. Sowieso sind durchgängig 70 km/h vorgeschrieben und vielleicht musst du auch kurzentschlossen bremsen. Etwa wenn es 4 km nach Gargnano hinter einem Tunnel abrupt links abgeht nach **Tignale.** Hier beginnt die lombardische **Strada dei Vini e dei Sapori del Garda** (*stradadeivini.it*). Auf ihr könntest du auch mit einem größeren Womo das hübsche Dorf **Tremosine sul Garda** auf der Anhöhe erreichen; der spätere Abzweig eignet sich dafür nicht.

Insider-Tipp

Kaffeestopp mit Seeblick

Etwa 250 m weiter auf der Gardesana bietet sich für einen Kaffeestopp der seeseitige Balkon von La Terrazzina an (hotellaterrazzina.com).

Bald darauf eröffnet sich ein Superpanorama. Ganz nah scheint hier das Ostufer, der See getupft von Surfer-Segeln und Kiteflitzern. Zwar schieben sich bald wieder Buschwerk und Zypressen ins Bild, aber es dauert ja nicht mehr lange bis Limone.

Ziel & Spot 13

Limone sul Garda

Baden und Wandern, wo Goethe von Zitronen schwärmte ▶ S. 104

SÜSS & SAUER

Der Zitronenlikör Limoncello wird auch am Gardasee produziert

Riva del Garda

Klettern und Surfen beim Hotspot im Norden

Begehrt war Riva schon immer: Skaliger, Visconti, Venezianer, Habsburger und Italiener beanspruchten die größte Stadt am nördlichen Gardasee für sich. Heute befindest du dich in Riva im äußersten Süden des Trentino und mitten in der touristischen Drehschreibe der Region. Hier ist Outdoor angesagt: Windsurfer und Segler zieht es ins benachbarte Torbole, Arco im Sarcatal ist das Eldorado der Kletterer, Wanderer, Biker und Naturfreunde generell lieben die Gardaseeberge und den lieblichen Ledrosee. Hoffentlich hast du genug Zeit eingeplant für Riva!

P *Area Sosta Camper Brione | Via Brione 1 | Riva del Garda | GPS 45.87956, 10.85900 | altogarda-parcheggi.it; Parcheggio | Piazza Catena (am Fähranleger) | Riva del Garda | GPS 45.88339, 10.83871*

WELLENREITER

Mai bis September sind in der Regel die idealen Surfmonate am oberen Gardasee

AKTIVITÄTEN & SIGHTSEEING

1 Stadt und See von der Bastione di Riva überblicken

Knapp 200 m über Riva stehst du auf der Bastione, eigentlich die Ruine einer venezianischen Burg. Zu Fuß bist du von der Via Monte Oro in 30 Min. oben beim Aussichtslokal, bequemer geht es mit dem neuen gläsernen Schrägaufzug **Ascensore Panoramico Bastione** (*tgl. 9.30–24 Uhr | hin und rück 6 €*). ***Infos:*** *bastione.eu*

2 Sich in Torbole vom Wind treiben lassen

Das Surf-Mekka am Gardasee ist Torbole, gleich östlich des Monte-Brione-Felsens von Riva. Die Winde vor der feinkiesigen Spiaggia di Torbole sind Legende, Surfer schwärmen von den wilden Wellen. Wenn du es selbst lernen oder dir ein Board ausleihen willst, sind Surfcenter wie das **Lido Blu** (*tgl. 9–18 Uhr | surflb.com*) direkt am Strand gerne für dich da.

3 Bei Arco im Sarcatal nach Höherem streben

Lotrechte Platten, schroffe Felswände, Überhänge, Routen bis XI, aber auch Klettersteige für die ganz Familie ... rund um den Luftkurort Arco im Sarcatal kannst du beim Klettern ganz nach deiner Fasson glücklich werden. Oder du bist mit dem Aufstieg zum **Castello di Arco** zufrieden, das den markanten Steilfelsen über der Stadt krönt. In der Burgruine sind mehrere Säle und das Gefängnis erhalten, vor allem aber hast du von ihren bis zu 10 m hohen Mauern einen herrlichen Blick ins Umland. ***Infos:*** *Castello April–Sept. tgl. 10–19, Okt.–März tgl. 10–16 Uhr | 3,50 €, 12–18 J. 2 €, bis 11 J. frei | Via Castello 10 | Arco (6 km nordöstl. v. Riva) | comune.arco.tn.it*

4 Wasserkultur am Lago di Ledro genießen

Ab durch den Tunnel und schon hast du die Felsbarriere zwischen Riva und dem 600 m höher gelegenen, hübschen kleinen **Ledrosee** so gut wie überwunden. Die prähistorischen Pfahlbauten am Südostufer gehören sogar zum Unesco-Weltkulturerbe. Die schilfgedeckten Pfahlbauten sind aber moderne Rekonstruktionen des **Museo delle Palafitte del Lago di Ledro** zum Leben in der Bronze-

REGENTAG – UND NUN?

5 Im MAG Geschichtsunterricht nehmen

Am besten verstehst du die turbulente Regionalgeschichte nach einem Besuch im **Museo del Alto Garda (MAG)** in der **Rocca di Riva,** der trutzigen Wasserburg der Skaliger am alten Hafen. Zu ihr gehört 150 m nebenan auf der Piazza III Novembre der 34 m hohe Uhrturm **Torre Apponale,** der eine beeindruckende Aussicht bietet. ***Infos:*** *März–Nov. Di–So 10–18/18.30 Uhr, Juni–Sept. tgl. | 5 €, Torre Apponale 2 € | Parco della Rocca/Piazza Battisti 3/A | Riva del Garda | museoalto garda.it*

zeit. ***Infos:*** *Museo März–Dez. tgl. 9–17, Juli/Aug. bis 18 Uhr | 4,50 €, Kinder bis 14 J. frei | Vial al Lago 1 | Ledro (12 km westl. v. Riva) | palafitteledro.it*

Insider-Tipp
Gut in der Kurve liegen

Wanderer und Biker lieben den Sentiero del Ponale auf der alten Militärstraße von Riva hinauf nach Ledro, die Ausblicke werden von Kurve zu Kurve grandioser.

ESSEN & TRINKEN

6 L'Officina del Panino

Pasta basta, stattdessen mal saftige Burger, Grillteller mit Salaten, Gemüse-Patties oder Panini Freddi, dick belegt. ***Infos:*** *tgl. 11.30–23 Uhr | Viale Dante Alighieri 94 | Riva del Garda | Tel. 0331 678 77 58 | officinadelpanino.it | €–€€*

7 Trattoria Sant'Alessandro

Ravioli, Capellini, Conchiglie, mit oder ohne Meeresfrüchte, etwas abseits der turbulenten Altstadt. ***Infos:*** *Di–So 12–14, Di–Sa 19–21/21.30 Uhr | Via Sant'Alessandro 19 | Riva del Garda | Tel. 0464 66 14 76 | Facebook: Trattoria S. Alessandro | €€–€€€*

EINKAUFEN

8 North Lake Shop

Sportlicher Chic zum Mitnehmen. Du kannst dich hier von Kopf bis Fuß neu einkleiden, inklusive Accessoires. ***Infos:*** *Mo–Sa 9.30–12.30 u. 15–19.30, So ab 10 Uhr | Via Rovereto 11 | Riva del Garda | north lakeshop.it*

9 Agraria Riva del Garda Cantina & Frantoio

Weine aus der Region und vor Ort gepresstes natives Olivenöl findest du in dieser

ÜBER STOCK & STEIN

Die Gardaseeberge sind ein Eldorado für Mountainbiker

„Weinkellerei & Ölmühle", Verkosten möglich. ***Infos:*** *Mo–Sa 8.30–19/20 Uhr, kostenlose Führungen nach Anmeldung | Via San Nazzaro 4 | Riva del Garda | agriva.it*

STELL- & CAMPINGPLÄTZE

10 Gardasee-Camping für Familien und Sportler

Grüner, ebener Platz zwischen Uferstraße und Strand. Reichlich Aktivangebote, vor allem Wassersport. Hübscher Kiesstrand, aber Schwimmer: Vorsicht! Der See gehört hier den Surfern.

Camping Maroadi

€€–€€€ | Via Gardesana 13 | Torbole sul Garda (3 km südöstl. v. Riva) | Tel. 0464 50 51 75| camping maroadi.it | GPS: 45.87566, 10.86882

▶ **Größe:** *255 Parzellen, 35–95 m² (CEE 6-16 Ampere), 26 Mobilheime*

▶ **Ausstattung:** *Brötchenservice, Shop, Restaurant, Pool, Wind- und Kitesurf-, Kajak-, Boot- und Radverleih, Surf- und Segelschule*

11 Familiengeführter Platz am Ledrosee

Klein und zweckmäßig ausgestattet, hier campst du gemütlich unter alten Bäumen. Gut geeignet, wenn du sportlich unterwegs bist, Segelschule nebenan, Shop nahebei.

Camping Al Lago

€–€€ | Via Alzer 7 | Pieve di Ledro (17 km westl. v. Riva) | Tel. 0464 59 12 50 | camping-al-lago.it | GPS: 43.88344, 10.73141

▶ **Größe:** *91 Parzellen, 55–80 m² (CEE 6 Ampere), 12 Mobilheime, 5 Ferienwohnungen*

▶ **Ausstattung:** *Restaurant, Kanu-, Boot- und Radverleih, eigener Bereich für Hunde*

12 Für Camper, die hoch hinaus wollen

Viele Neuankömmlinge checken hier als erstes die Felswand hinter dem Wiesenplatz im Sarcatal nach Routen und Einstiegen. Das gleichnamige Hotel vor dem Platz schirmt ihn optisch und akustisch gut von der Hauptstraße ab.

Camping Daino

€€ | Viale Daino 43 | Pietramurata (20 km nördl. v. Riva) | Tel. 0464 50 74 51 | campingdaino.com | GPS: 46.02392, 10.94400

▶ **Größe:** *130 Parzellen (CEE 4 Ampere), 70 m², 32 Mobilheime*

▶ **Ausstattung:** *Brötchenservice, Shop, Pool, Restaurant*

Spot 10

Lazise
Venezianischer Handelshafen, malerisch und lebhaft

Die Weinregion Valpolicella lässt grüßen, wenn du durch Oliven- und Weingärten auf Lazise zufährst. Der befestigte Handelshafen am südöstlichen Gardasee avancierte zwar in der Neuzeit zu einem lebhaften Urlaubszentrum, aber im Ortskern hat sich seit dem Mittelalter nicht viel verändert. Nur mit dem Boot oder zu Fuß durch eines der drei Tore der zinnenbewehrten Stadtmauer erreichst du die reizende Altstadt um den kleinen gemauerten Fischereihafen Porto Vecchio, in dem bunte Boote sanft auf den Seewellen schaukeln.

P *Parcheggio Marra | Via Pra' del Principe/Piazzale Marra | Lazise | GPS 45.50296, 10.73362 | cittadilazise.it | vorne kostenlos, hinten mit Parkticket*

SEE-SCHMUCKSTÜCK

Der Hafen von Lazise wurde im 14. Jh. vom Skaliger Cansignorio della Scala ausgebaut und befestigt

AKTIVITÄTEN & SIGHTSEEING

1 Lazises Altstadt durchstreifen

Nimm dir in den kopfsteingepflasterten Gassen des **Centro storico** Zeit für Entdeckungen. Die machst du, ob du nach Durchschreiten der Porta del Lion die stimmungsvolle Via Rocca entlang der Mura di Lazise schlenderst oder beim Flanieren zwischen Castello Scaligero und Pfarrkirche SS. Zeno e Martino die Postkartenmotive der alten Zollstation Dogana Venta oder von San Nicoló am Hafen entdeckst. Am Nordende hast du dir dann auf der Seepromenade Lungolargo Marconi ein Eis redlich verdient. ***Infos:*** *tourismlazise.it*

2 Weintour durch die Valpolicella unternehmen

Bis in die sanftgrünen lessinischen Hügel östlich von Lazise reichen die Ausläufer der Valpolicella. Passenderweise verläuft hier die **Strada del Vino,** an der mehr als 40 Weingüter zum Verkosten einladen, etwa das Familien-Weingut **Amarone Brunelli**, wo Sohn Alberto edle Valpolicella Classico und Amarone della Valpolicella keltert. ***Infos:*** *Amarone Brunelli: Via Cariano 10 | San Pietro in Cariano (16 km östl. v. Lazise) | brunelliwine.com; stradadelvinovalpolicella.it*

Insider-Tipp
Der Rosé macht Appetit

Probier mal als Aperitif die Laziser Spezialität Chiarè mit dem spritzigen Rosé Chiaretto Spumante aus Bardolino.

3 Große Leinwand erleben im Vergnügungspark

„Hollywood Tower" steht auf dem roten Gerüsttürm am südlichen Ortsrand von Lazise, die hohen weißen Lettern kündigen stilecht den Vergnügungspark **Movieland** an. Hier und im angeschlossenen **Canevaworld Aquapark** bist du richtig, wenn du den Trubel im nahen Gardaland (s.u.) vermeiden und trotzdem mit der Familie unbeschwerte (und erschwingliche) Stunden in Poollandschaften und Fahrgeschäften, bei Shows und Filmen verbringen willst. ***Infos:*** *Mai–Sept. tgl. 10–18/19, Juli/Aug. auch 22–2 Uhr | 30 €, Kinder 1–1,40 m 25 €, bis 1 m frei | Via Fossalta 58 | Lazise | canevaworld.it*

4 Beach Parties feiern im Riesen-Themen-Aquapark

Der bekannte und trotz seiner Größe an manchen Tagen rappelvolle Vergnügungspark **Gardaland** ist drei in einem: Gardaland Themenpark mit Fahrattraktionen und Shows, Legoland Water Park für Wasserspaß (Kinder nur in Begleitung von Erwachsenen und auch Erwachsene nur in Begleitung von Kindern!) und Gardaland Sea Life Aquarium, u. a. mit Ocean Tunnel. Familien kommen gern, obwohl es kein billiges Vergnügen ist. ***Infos:*** *April–Juni tgl. 10–18, Juli–Sept. bis 23 Uhr | Preise je nach Jahreszeit und Kombination, z. B. 40 €, Extra-Eintritt Sea Life online 10 €, Kinder bis 1 m frei | Via Derna 4 | Castelnuovo del Garda (4 km südl. v. Lazise) | gardaland.it*

REGENTAG – UND NUN?

5 Ölexperte werden

Mühlsteine, Öllämpchen, Jugendstil-Dampfpresse, Edelflaschen ... wirklich alles über Oliven und die mehr als 2000-jährige Geschichte des Ölpressens am Gardasee erfährst du im Ölmuseum **Museo dell'Olio & Oleificio.** Außerdem Ölverkostung und -verkauf. ***Infos:*** *Tgl. 9.30–12.30, Mo–Sa auch 15–17.30 Uhr | Eintritt frei | Via Peschiera 54 | Cisano di Bardolino (3 km nördl. v. Lazise) | museum.it*

ESSEN & TRINKEN

6 Trattoria Rocchetti

„Pasta, Grill & Wein" gibt es immer, manchmal steht aber auch Lavarello auf der Karte, die köstliche, mittlerweile seltene Gardasee-Renke. Dann unbedingt bestellen. ***Infos:*** *Fr–Mi 12–14 u. 19–21.30 Uhr | Via Rocchetti 8 | Lazise | Tel. 0457 58 04 96 | trattoriarocchetti.com | €€–€€€*

7 La Boheme

Spitzenküche und umfangreiche Weinauswahl in großem Restaurant/Pizzeria, mit weitläufiger Aussichtsterrasse, am südlichen Ortsrand. ***Infos:*** *Tgl. 12–15 u. 18–1 Uhr | Via Gabbiola 22 | Lazise | Tel. 0456 47 02 05 | ristorantelaboheme.it | €€–€€€ |*

8 La Piccola Osteria

Feines italienisches Essen im Zentrum von Bardolino. Einen Tisch für das Abendessen im Freien vor dem Lokal solltest du in der Saison auf jeden Fall reservieren. ***Infos:*** *Di–So 12–14 u. 18–22 Uhr | Via Palestro 38/A | Bardolino (5 km nördl. v.*

FELSENFEST

„La Rocca", der Fels, wacht über dem gleichnamigen Campingplatz am Veroneser Ufer des Gardasees

Lazise) | Tel. 0456 21 04 21 | Facebook: La piccola osteria | €€–€€€

EINKAUFEN

9 Bevande di Pasqualini Fratelli

Italienische Weine, Südtiroler Spirituosen und bayerisches Bier findest du in dem bestens sortierten Getränkehandel, versteckt in einem Industriegebiet in den Bergen. ***Infos:*** *Mo–Sa 8.30–12.30 u. 14.30–18.30 Uhr | Via Sambarchi 7 | Calmasino di Bardolino (3 km nordöstl. v. Lazise) | pasqualinibevande.it*

STELL- & CAMPINGPLÄTZE

10 Gut ausgestatteter Platz am Strand neben Lazise

Feiner, mit alten Bäumen bestandener Platz am See, vom Kiesstrand führt ein schöner Fuß- und Radweg am See entlang direkt nach Lazise. Großzügige Liegewiese. Toll auch die Aussicht vom coolen Whirlpool über dem Swimmingpool. Animation, Sport ... alles da.

Camping Village Du Parc 

€€–€€€ | Via Gardesana 110 | Lazise | Tel. 0457 58 01 27 | campingduparc.com | GPS: 45.49367, 10.73746

▸ **Größe:** *232 Parzellen, 70–100 m² (CEE 10–16 Ampere), 177 Mobilheime, 40 Bungalows*
▸ **Ausstattung:** *Brötchenservice, Shop, Restaurant, Pools*

11 Camping am See, Glamping mit Aussicht

Zweigeteilter Platz. Campen am See im Baumschatten, hier auch kleine Shopping Mall, MiniClub, Pool und Base Nautica, am Kiesstrand Surf Point La Rocca. Fußgängertunnel unter der Uferstraße zu den grünen Mobilheim-Terrassen am felsigen Hang. Oben weitere Pools, Fitness, Sportplätze, Hundepfad, im Waldgarten kleiner Tierpark für Kinder. WLAn extra.

La Rocca Camping Village 

€€ | Via Gardesana 37/Loc. San Pietro | Bardolino (7 km nördl. v. Lazise) | Tel. 0457 21 11 11 | campinglarocca.com | GPS: 45.56411, 10.71384

▸ **Größe:** *215 Parzellen, 60–90 m² (CEE 6–16 Ampere), 150 Mobilheime, 15 Mietzelte*
▸ **Ausstattung:** *Brötchenservice, Supermarkt, Pools, Restaurant*

Peschiera del Garda

Authentische Festungsstadt am Beginn des Mincio

Langsam erwacht Peschiera aus dem touristischen Dornröschenschlaf, in dem der alte Fischer- und Militärhafen an Gardasee und Mincio lange lag. Die Unesco hat großen Anteil daran, weil sie 2017 die venezianische Festung in der wasserumgebenen Altstadt zum Weltkulturerbe erhob. Ebenso wie die prähistorischen Pfahlbauten, deren archäologische Spuren aber unter Wasser liegen. Mehr Glück hast du beim Sightseeing am lebhaften Hafen und in der Altstadt, deren bunte Häuser am Uferweg Lungomincio den Fluss Mincio bis ins liebliche Umland begleiten.

P *Parcheggio | Viale Cordigero/Piazza Maestro Giulio Battistoni (am Fähr- und Kanalhafen) | Peschiera del Garda | GPS 45.43978, 10.69195*

RADELN AM MINCIO

Der Fahrradweg Pista ciclabile del Mincio ist durchgängig befestigt; meist asphaltiert, in Parkarealen wie hier am Gardaseeufer auch mal fein gekiest

AKTIVITÄTEN & SIGHTSEEING

1 In der Altstadt Sterne sehen

Von den Inseln im breiten Abfluss des Mincio aus dem Gardasee gehört eine dem **Centro storico** von Peschiera, eine andere jenseits des Kanalhafens dem **Parco Catullo.** Beide sind umgeben von meterdicken massigen Schanzmauern und Bastionen auf dem Grundriss eines fünfzackigen Sterns. Du kannst ein Stück auf der Wallkrone spazieren, bevor du dich in der autofreien Via Dante ins kleinteilige Altstadtleben stürzt. ***Infos:*** *communepeschieradelgarda.com*

2 In Sirmione ein Bad in der Menge nehmen

Sirmiones vieltürmiges **Castello Scaligero** beherrscht Kanal, Brücke und dahinter die reizende Altstadt um den Hafen. Der Anblick ist märchenhaft und berühmt. Viel los also in der „Perle des Gardasees", ebenso am **Lido delle Bionde** und bei den römischen Ruinen der **Grotte di Catullo.** Auch Kurgäste sind dabei, die in Sirmiones **Thermen** Ohren- und Hautleiden kurieren. ***Infos: Castello Scaligero:*** *Di–Sa 8.30/9–19.15/19.30, So 8.30/9–13.30/13.45 Uhr| Kombiticket m. Grotti di Catullo und Villa Romana di Desenzano 14 €, Kinder frei | Piazza Castello | Sirmione (7 km westl. v. Peschiera) | roccascaligerasirmione.beniculturali.it |* ***Termale Aquaria:*** *Tgl. 9–22 Uhr | z. B. 5 Std. Therme u. Sauna 43 € | Piazza Don Piatti 1 | Sirmione | termedisirmione.com*

3 Auf wendiger Vespa durch die Gegend düsen

Weder Stau noch Feldwege halten dich auf, auf deiner Leih-Vespa von **Motoragazzi** lernst du Peschiera und Umland mit Leichtigkeit kennen, auf eigene Faust oder mit Navi entlang einer Tour. ***Infos:*** *Ende März–Okt. Ausgabe tgl. 9–12 Uhr | z. B. 59 €/Tag, Kreditkarte | Via Milano 30 (ENI Tankstelle) | Peschiera del Garda | Tel. 0342 9287530 | motoragazzi.com*

4 Auf der Pista ciclabile del Mincio am Fluss lang radeln

Ein echter Radweg, Teil der Sonnen-Route EuroVelo 7, führt am rechten Mincio-Ufer entlang unter Pappeln nach Süden. Von Peschiera geht es 44 km nach Mantua, immer an der Grenze zwischen Lombardei und Venetien. Ein schönes Ziel nach schon 14 km ist auch Borghetto, der flussnahe Stadtteil des kuscheligen Landstädtchens **Valeggio sul Mincio.** Räder verleiht **Velolake.** ***Infos:*** *Velolake: In der Regel tgl. 8–18 Uhr | z. B. Urban Bike 10 €/Tag, E-City 30 €/Tag | Via Contro Bastioni | Peschiera del Garda | velolake.com; de.eurovelo.com/ev7/italy*

Insider-Tipp
Tortellini mon amour

Keine Frage, in Valeggio sul Mincio musst du die angeblich hier erfundenen Nodi d'amore essen, „Liebesknoten", besser bekannt als Tortellini.

REGENTAG – UND NUN?

5 Im Fischereimuseum Appetit kriegen

Um Agone, Döbel, Lavaret, Gardaseeforelle und andere Seefische geht es in dem kleinen **Museo della Pesca e delle Tradizione Lacustri** auch, vor allem aber um lokale Fischerei früher und heute. Um römische Peschiere (daher der Stadtname!) etwa, im See verankerte Plattformen oder um die Festa di San Martino Anfang November. ***Infos:*** *Zzt. So/Fei 10–12.30 u. 15.30–18.30 Uhr | 2 € (inkl. Audioguide) | Parco Catullo 4 (Caserma d'Artiglieria di Porta Verona) | Peschiera del Garda | amicidelgondolin.it*

ESSEN & TRINKEN

6 Marco e Daniela Time

Feinkostladen mit überzeugendem Mittagstisch. Einfach und gut, ob belegte Panini oder Tellergerichte wie Lasagne oder der „Piatto Sport" mit Schinken und Gemüse. Die Tische im Freien sind ein weiteres Plus. ***Infos:*** *Tgl. 11–14.30, Fr/Sa zusätzl. 18.30–21.30 Uhr | Via Risorgimento 1 | Peschiera del Garda | Tel. 0457 55 35 82 | marcoedanielatime.it | €–€€*

7 Trattoria al Combattente

Lokale Küche in Traditionslokal, wenn es der Tagesfang hergibt auch mit Gardasee-Fisch, immer mit hausgemachter Pasta. ***Infos:*** *Di–So 12.15–14 u. 17.30–23 Uhr | Strada Bergamini 60 | Peschiera del Garda | Tel. 0457 55 04 10 | alcombattente.it | €€–€€€*

PLATZ DER ERSTEN STUNDE

Camping Bergamini: Hier schlugen 1954 die ersten Italienurlauber ihre Zelte auf

EINKAUFEN

8 Football.Store

Hier findest du das Trikot deines Lieblingsvereins – in- oder ausländisch, auch Vintage – mit passendem Fanschal und Fußball. ***Infos:*** *April–Sept. in der Regel tgl. 17–23 Uhr | Via Dante 12 | Peschiera del Garda | footballstore.company.site*

9 Surf Garages

Stefano führt alles für Wingfoil, Wing-, Kite- und Windsurfen. Auch gebrauchtes Equipment. ***Infos:*** *Di u. Do–So 10–12.30, Mo u. Sa 15.30–18.30 Uhr | Via Verona 254 | Sirmione (7 km westl. v. Peschiera) | surfgarages.com*

STELL- & CAMPINGPLÄTZE

10 Platz mit Tradition

Freundlicher und nachhaltig geführter Platz, am Ende einer schmalen Straße etwas erhöht über dem kleinen öffentlichen Kiesstrand nebst Hafen. Die Stellplätze liegen eben und im Schatten hoher Bäume. Großvater Bergamini war übrigens 1954 Campingplatz-Pionier am südlichen Gardasee, Enkelin Giovanna führt die Tradition modern fort.

Camping Bergamini 

€€–€€€ | Via Bergamini 5 | Peschiera del Garda | Tel. 045 755 02 83 | campingbergamini.it | gardagreen.org | GPS: 45.45053, 10.67055

▶ **Größe:** *67 Parzellen, 60–80 m² (CEE 6–10 Ampere), 29 Mobilheime, 10 Bungalows*
▶ **Ausstattung:** *Brötchenservice, Shop, Bistro, Pool, Radverleih*

11 Freizeitvergnügen am See

Es ist immer was geboten in dem großen Camping Village, z. B. Wakeboard- oder SUP-Kurse, Hochseil-Kletterparcours. Dazu Poollandschaft und am Seeufer breiter Kiesstrand. Keine Hunde, keine Motorräder.

Camping Bella Italia

€€€ | Via Bella Italia 2| Peschiera del Garda | Tel. 0456 40 06 88 | camping-bellaitalia.it | GPS: 45.44224, 10.67788

▶ **Größe:** *342 Parzellen, 80–100 m² (CEE 16 Ampere), 932 Mobilheime, 308 Bungalows, 30 Mietzelte*
▶ **Ausstattung:** *Brötchenservice, Shop, Restaurant, Wassersport-Center, Boot- und Radverleih*

Salò
Elegantes Einkaufsparadies um Altstadt und Hafen

Wie Phönix erhob sich Salò nach einem Erdbeben 1901 aus den Trümmern, sodass du heute durch ein auffällig hübsches Hafenstädtchen flanieren kannst. Die breite Uferpromenade wurde damals, Venedig-Style, auf Pfählen in den See gebaut. Hier sitzt du nun in schicken Freiluft-Cafés und Restaurants, vor dir wie gemalt die Jachten und Boote in der langen, schmalen Bucht. Oder du stöberst in den verkehrsberuhigten Gassen des romantischen Centro storico durch die vielen Boutiquen und Modeläden, für die das Seestädtchen bekannt ist.

P *Parcheggio| Piazza Sergio Bresciani | Salò | GPS 45.60563, 10.52289*

GESCHICHTSTRÄCHTIG

Die Isola del Garda hat eine illustre Geschichte. Franz von Assisi etwa gründete hier 1221 eine Einsiedelei

AKTIVITÄTEN & SIGHTSEEING

1 Am Lungolago sehen und gesehen werden

Ein Hauch Riviera umweht Salò, besonders entlang des **Lungolago Zanardelli.** Auf der feinen Seepromenade schlenderst du ungezwungen von den Jacht-Liegeplätzen an der **Piazza Serenissima** bis zum Fähranleger an der **Piazza della Victoria.** Hier fällt besonders die umlaufende Loggienreihe des **Palazzo Podesta** auf, die sich im direkt angebauten **Palazzo della Magnifica Partria di Salò** fortsetzt. Immer wieder kannst du durch schmale Durchgänge oder Torbögen in die Altstadt wechseln, die sich parallel am Hang entlang zwischen Torre del Orologio im Westen und Porta del Carmine im Osten erstreckt. ***Infos:*** *comune.salo.bs.it*

2 Im Dom den Blick senken und heben

Die bis auf das Portal schlichte Ziegelfassade täuscht, innen überrascht der große **Duomo di Santa Maria Annunziata** mit üppiger Spätgotik. Highlights sind das Bodenmosaik mit dreidimensionaler Optik und die verzierten Gewölberippen des Spitzgewölbes sowie Kruzifix, Silberretabel und Deckengemälde in der Apsis. ***Infos:*** *Tgl. 8.30–12 u. 15.30–19 Uhr | Eintritt frei | Piazza Duomo | Salò | parrochiadisalo.it*

3 Auf der Isola del Garda Frühlingsluft schnuppern

Sie ist die größte Insel im Gardasee und gehört wie die neugotische Schlossvilla darauf der Familie Borghese Cavazza. Im Sommer kannst du das Insel-Juwel mit Führung besuchen, inkl. Getränk auf der Schlossterrasse. Das Spitzenerlebnis aber ist die Blütenpracht in den Gärten. ***Infos:*** *April–Okt. | 32 € ab Salò | Abfahrt: Lungolargo Zanardelli 11 (vor Pizzeria Don Pedro) | Salò | isoladelgarda.com*

Insider-Tipp
Rabatt für Camper
Gäste des Camping Fontanella sparen 10 % beim Besuch der Isola del Garda, auch auf Online-Sonderpreise.

4 Vom Burgfelsen Rocca di Manerba Ausschau halten

Ruinenbestandener Plateaugipfel am See. Nach kurzem, steilem Zehn-Minuten-Aufstieg ab Parkplatz hast du einen

REGENTAG – UND NUN?

5 Im MuSa in die Vergangenheit blicken

Vor 250 Jahren war Santa Giustina noch ein Kloster, heute beherbergt es das Centro culturale mit dem **Museo di Salò (MuSa)** zur Stadtgeschichte. Es erzählt von Römern und Venezianern, vom lokalem Geigenbauer Gasparo, dem Chirurgen Rini sowie von Faschisten um Mussolini, die 1943 die kurzlebige Repubblica di Salò ausriefen. ***Infos:*** *Ende Juni–Anf. Jan. Fr–So 10–20 Uhr | 9 €, Kinder 5 € | Via Brunati 9 | Salò | museodisalo.it*

fantastischen Blick über den ganzen Gardasee. ***Infos:*** *Frei zugänglich | Via Giacomo Matteotti 10 | Manerba del Garda (11 km südöstl. v. Salò) | riservaroccamanerba.com*

ESSEN & TRINKEN

6 Dadone

Modernes Bistro, Tische auch draußen. Jede Pasta ist hausgemacht, Sauce kombinierst du selbst dazu. ***Infos:*** *April–Okt. tgl. 11.30–15.30 u. 17.30–21.30 Uhr | Piazza della Vittoria 2 | Salò | Tel. 0347 630 98 46 | dadone.bio | €€–€€€*

7 DUO – Different, Unique, Original

Experimentierfreudige feine Küche, Maronencurry oder Ofenkartoffel auf einer Schüssel heißer Steine muss man sich erst mal trauen. Es gibt aber auch lecker Risotti und sonstig Bekanntes. ***Infos:*** *Fr–Mo (ab ca. 18.30 Uhr), Sa/So auch mittags (ca. 12.30–14.30 Uhr) | Via Camillo Benso Donte di Cavour 7 | San Felice del Benaco | Tel. 0365 69 02 53 | duosanfelice.it | €€–€€€*

EINKAUFEN

8 Day After

Italienischer Marken-Chic für jüngeres Zielpublikum in einer der abwechslungsreichen Shoppingmeilen in der lebhaften Altstadt. ***Infos:*** *Di–Sa 9.30–12.30 u. 15.30–19.30, So ab 10 Uhr | Piazza Angelo Zanelli 16 | Salò | salofashionstore.it*

9 Pelletteria Charlotte

Hand-, Akten-, Umhänge- und überhaupt alle Arten von Taschen, Geldbörsen, Pochettes und sonstige italienische Lederwaren, alle elegant und teuer. ***Infos:*** *Tgl. 9–20 Uhr | Piazza della Vittoria 10 | Salò | pelletteriacharlotte.it*

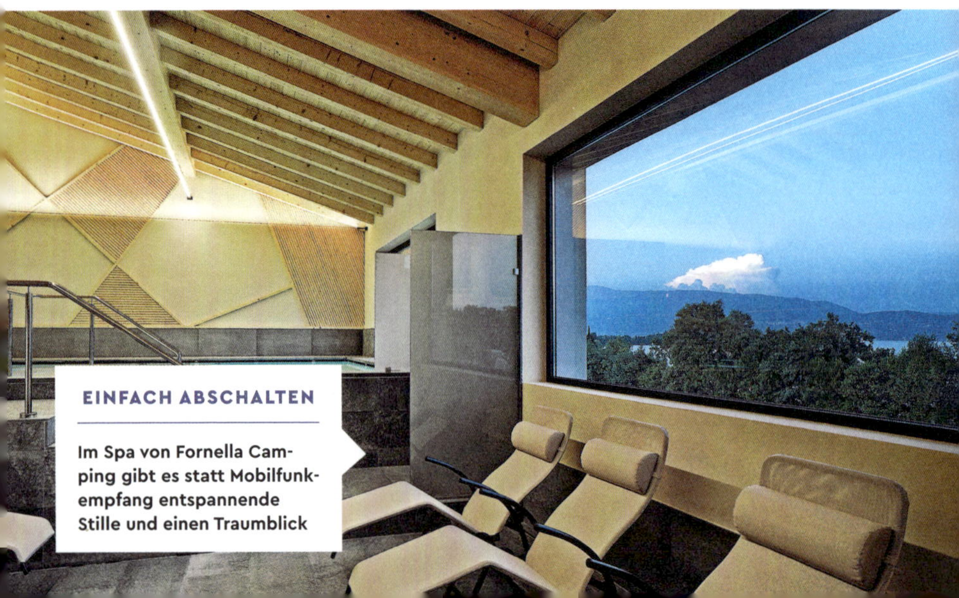

EINFACH ABSCHALTEN

Im Spa von Fornella Camping gibt es statt Mobilfunkempfang entspannende Stille und einen Traumblick

STELL- & CAMPINGPLÄTZE

10 Ferienparadies auf einer Halbinsel am See

Vielfältiger, umweltbewusst geführter Komfort-Platz. Es gibt zwei Badestrände, Pools, Kinderangebote, ebene Sonnenplätze oben bei den Obstwiesen oder mit Seeblick unter alten Olivenbäumen am Hang und ein neues Luxus-Spa.

Fornella Camping & Wellness Family Resort

€€€ | Via Fornella 1 | San Felice del Benaco (7 km südöstl. v. Salò) | Tel. 0365 622 94| fornella.it | GPS: 45.58454, 10.56634

▶ **Größe:** *277 Parzellen, 60–150 m² (CEE 6–16 Ampere), , 143 Mietheime, 6 Mietzelte*
▶ **Ausstattung:** *Brötchenservice, Shop, Pools, Spa, Fitness, Restaurant, Rad- und Bootsverleih, eigene Hundebucht*

11 Urlaubsvergnügen an der Bucht von San Felice

Wohlfühloasen für jeden Camper-Typ bietet der terrassierte Platz, auch Glamping-Zelte und Bungalow-Arrangement mit Dorf-Flair. Dazu viele Sport- und Freizeitangebote sowie Kiesstrand am See.

Camping Village Europa Silvella

€€€ | Via Silvella 10 | San Felice del Benaco (7 km südl. v. Salò) | Tel. 0365 65 15 95| europasilvella.it | GPS: 45.57453, 10.54861

▶ **Größe:** *178 Parzellen, 55–130m² (CEE 4–10 Ampere), 142 Mobilheime, 15 Mietzelte*
▶ **Ausstattung:** *Brötchenservice, Shop, Pools, Restaurant, Bühne, Animation, Rad- und Boots-verleih, eigener Hundebereich*

12 Ruhig an idyllischer Bucht

Geneigtes Wiesengelände mit schönem Kiesstrand am Ende einer Sackgasse auf dem Land. Unter den hohen Bäumen haben sogar zweistöckige Glamping-Zelte Platz.

Sivinos Camping Boutique

€€–€€€ | Via Antonio Gramsci 78 | Manerba del Garda (14 km südöstl. v. Salò) | Tel. 0365 55 27 67 | sivinoscampingboutique.com | GPS: 45.53188, 10.55695

▶ **Größe:** *37 Parzellen, 40–75 m² (CEE 6–16 Ampere), 5 Ferienwohnungen, 26 Mietzelte*
▶ **Ausstattung:** *Brötchenservice, Bistro, SUP- und Rad-Verleih, Grillplatz, Dive Center*

Limone sul Garda

Baden und Wandern, wo Goethe von Zitronen schwärmte

Charmant ist Limone, ganz besonders um den schnuckeligen Hafen in der Altstadt. Davor der See, das Ostufer so nah, dahinter die aussichtsreichen Berge mit ihren vielen Wander- und Biketrails. Weil das so schön ist, lebt das groß gewordene Dorf längst nicht mehr von Fischerei und Zitronenanbau, für den es berühmt wurde. Dabei heißt Limone gar nicht nach den dickschaligen Zitrusfrüchten, die hier bis zum Frostwinter 1928 gediehen. Sondern nach „Limes", Grenze, denn hier endete früher die Republik Venedig.

P *Parcheggio | Via Fasse | Limone | GPS 45.80779, 10.78920; Parcheggio Lungolargo | Via Lungolargo Guglielmo Marconi 40 (nahe Puerto Nuovo) | Limone | GPS 45.81268, 40.79409*

FISCHER & FÄHREN

Das im Grunde kleine, aber durch Touristen ganz groß gewordene Limone hat gleich zwei Häfen

AKTIVITÄTEN & SIGHTSEEING

1 In der Limonaia del Castèl seh'n, wo die Zitronen blüh'n

Eine der wenigen traditionellen Limonaie siehst du oben beim sogenannten Schloss. Hier hat die Gemeinde eine der windgeschützten „Zitronenhaus"-Terrassen revitalisiert und als Schaugarten mit allerlei Zitrusfrüchten sehr schön angelegt. Über Hintergründe informiert ein kleines Museum im Castèlgemäuer. ***Infos:*** *April–Okt. tgl. 10–17, Mitte Mai–Mitte Sept. bis 22 Uhr | Eintritt frei | Via Orti 9 | Limone sul Garda | limonesulgarda.bs.it*

2 Auf der Ciclopedonale dem Ufer folgen

Fußgänger und Freizeitradler sind willkommen auf dem 2,5 m breiten Weg, der einmal als Ciclabile del Garda um den ganzen See herumführen soll. 3 km gibt es bereits, ab Limone teils abenteuerlich auf einem Stelzenträger-Weg am felsigen Ufer entlang, aber immer mit wunderschöner Aussicht auf den See bis zur Grenze zum Trentino. Fast 5 km sind es, wenn du schon beim Fuß- und Radweg durch Limone am Fähranleger beginnst. ***Infos:*** *tuttogarda.it*

3 Auf dem Sentiero del Sole der Sonne entgegengehen

Vom Porto Vecchio aus gehst du bergan, erst nach dem Flüsschen Sé ist der „Sonnenweg" ausgeschildert. Bald bietet sich der erste tolle Panoramablick dieser Rundtour, weitere folgen, umso spektakulärer, je höher du durch Olivenhaine, Wälder und Macchia steigst. Oben stehen zwei Bänke, hier kannst du in aller Ruhe den herrlichen Blick genießen über den See, auf Limone und den Monte Baldo gegenüber. ***Infos:*** *7 km, 225 HM, ca. 2 Std.*

4 Als Kapitän auf Zeit den Gardasee erkunden

Ein Motorboot auf dem See ist Freiheit pur, auch ohne Bootsschein, wenn du dir etwa bei **Limone Rent Boat** ein 40-PS-Motorboot leihst. Nach der Einweisung mit Seekartenerklärung und Sicherheitsbriefing geht es auch schon los – du allein bestimmst, wohin. ***Infos:*** *Tgl. 9–19 Uhr | ca. ab 99 €/½ Tag | Via Lungolago Marconi/Porto Nuovo | Limone sul Garda | limonerentboat.com*

REGENTAG – UND NUN?

5 Im Museo del Turismo Gen-Geheimnisse lüften

Lass dich anrühren von den Schwarz-Weiß- und frühen Farbfotos, den Postern, Kalendern und Souvenirs aus der Frühzeit des lokalen Tourismus. Viel Amüsantes ist dabei im Obergeschoss des alten Rathauses, aber auch Spannendes, etwa zu einer nur hier vorkommenden Genmutation, die Alzheimer und Arteriosklerose vorbeugt. ***Infos:*** *April–Okt. tgl. 10–18, Mai–Sept. bis 22 Uhr | Eintritt frei | Via Lungolago Marconi 1 | Limone sul Garda*

ESSEN & TRINKEN

6 Scaloni 20

Gemütliche Altstadt-Bar mit kleiner Karte, die Hamburger, Bruschette und Wurstplatten passen gut zu Cocktails, Wein und Bier. Der „Logenplatz" ist auf dem Balkönchen im ersten Stock. ***Infos:*** *April–Okt. Do–Di 11–23, Sa/So bis 23.30 Uhr | Via Castello 20 | Limone sul Garda | Tel. 0365 183 00 17 | €€–€€€*

Insider-Tipp
Im Schneidersitz vor der Bar

Wenn wieder mal alle Tische im und vor dem Scaloni besetzt sind, mach es dir auf den Sitzkissen auf den Gassentreppen gemütlich.

7 Al Vecchio Fontec

Gepflegtes Altstadtrestaurant, Speisekarte mit Schwerpunkt Fisch und Meeresfrüchte, aber Fleischliebhaber und Vegetarier müssen auch nicht hungern. Die Plätze im atmosphärischen Ziegelgewölbekeller sind wegen der niedrigen Decke nichts für große Menschen. ***Infos:*** *Fr–Mi 12–15 u. 18–22 Uhr | Via Corda 21 | Limone sul Garda | Tel. 0365 95 41 85 | ristorantealvecchiofontec.eatbu.com | €€€*

EINKAUFEN

8 Fra' Luca

In dem Feinkostladen bekommst du „Olio, Vino, Limoncino & Prodotti Tipici". Die Preise sind erklecklich, dafür ist der Limoncello hausgemacht. Und du kannst

NAH AM WASSER GEBAUT

Weil der Campingplatz Nanzel so schmal ist, befindet sich praktisch jeder Stellplatz direkt am See

hier auch gleich ein Oliven- oder ein Zitronenbäumchen für Zuhause mitnehmen. ***Infos:*** *Mo–Sa 9–19, So 9.30–17.30 Uhr | Via IV Novembre/Ecke Via Caldogno | Limone sul Garda*

9 Cooperativa Agricola Possidenti Oliveti

Kauf direkt beim Erzeuger, im Laden der lokalen landwirtschaftlichen Genossenschaft vor allem Olivenöl (Garda bresciano DOP), aber auch Käse, Wurst, Honig, Weine und Grappa. ***Infos:*** *Mo–Sa 8–12.30 u. 15.30–19 Uhr | Via Campaldo 10 | Limone sul Garda | cooperativaagricolalimonesulgarda.it*

STELL- & CAMPINGPLÄTZE

10 Langer schmaler Terrassenplatz am Seeufer

Viel Platz ist nicht auf den zwei, drei begrünten Terrassen zwischen SS45bis und Ufer, das merkst du schon an der steilen, engen Einfahrt und besonders beim Einparken auf deinem Stellplatz. Aber dann liegt der herrliche Gardasee genau vor deiner mobilen Haustür, ein kleiner Badesteg am schmalen, 200 m langen Kiesstrand macht das Hineinhüpfen leicht. Hunde sind auf dem ganzen Platz erlaubt.

Camping Nanzel

€–€€ | Via IV Novembre 3 (südl. Ortsrand) | Limone sul Garda | Tel. 0365 954155 | campingnanzel.it | GPS: 45.80048, 10.78537

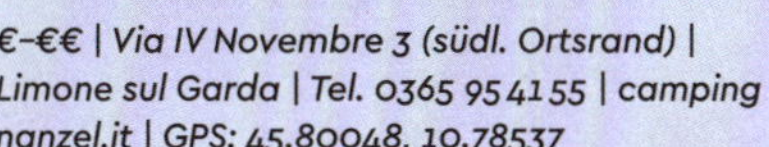

▶ **Größe:** *59 Parzellen, 45–60 m² (CEE 6 Ampere), 4 Bungalows*
▶ **Ausstattung:** *Brötchenservice, Shop, Bistro*

11 Schattige Hangterrassen am Badestrand

Grüner Platz auf mehreren Ebenen am Altstadtrand, oben an der Straße „nur" Restaurant und Pool (nächtlich illuminiert), unten schmaler, langer Kiesstrand und abends Ruhe. Die begehrten Plätze am See sind eher klein, bei voller Belegung kann's eng werden. Haustiere auf Anfrage.

Camping Park Garda

€€€ | Via IV Novembre 10 (Einfahrt über Tamoil Tankstelle) | Limone sul Garda | Tel. 0365 954550 | hghotels.com/it | GPS: 45.80525, 10.78760

▶ **Größe:** *203 Parzellen, 40–80 m² (CEE 3 Ampere), 63 Mobilheime, 2 Bungalows*
▶ **Ausstattung:** *Brötchenservice, Shop, Restaurant, Pool*

BESTE OPERNKULISSE

Blick über Verona mit der Cattedrale di Santa Maria Matricolare und der römischen Bogenbrücke über die Etsch

Weltkultur und Krabbensalat
Von Verona nach Chioggia

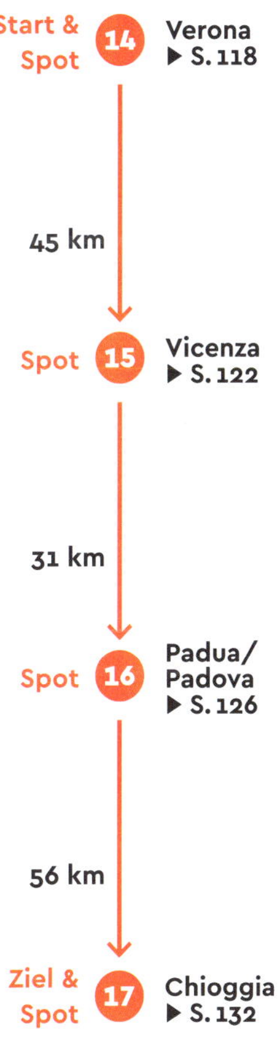

Deine Turf'n'surf-Genussreise durch das westliche Venetien beginnt in Verona und Vicenza, beide noch im Schutz der auslaufenden Vizentiner Alpen, und endet in der Lagunenstadt Chioggia an den Sandstränden des Po-Deltas. Den besonders schönen Übergang schaffen Padua und die anschließenden Wein- und Thermalgebiete der Colli Berici und Colli Euganei. Schönheit, Natur und Kultur findest du in der ganzen Region im Übermaß, die Frage ist nur, welches Unesco- Weltkulturerbe du zuerst sehen willst.

Strecke 132 km

Reine Fahrzeit 4 Std.

Streckenprofil Durchgehend Staats- und Provinzstraßen, meist eben, parallel zur Autobahn und gut ausgebaut, nur streckenweise unerwartet schmal. Bis zum Beginn des eigentlichen Po-Deltas viel Verkehr

Empfohlene Dauer 7 Tage

Anschlusstouren

E

FACTS

Tour D im Überblick

Tour-Highlights
Unterm Romeo-und-Julia-Balkon in Verona Liebesschwüre erneuern ▶ S. 119
In der Scrovegni-Kapelle von Padua das Geheimnis von Giottos Blau lüften ▶ S. 127
In Abano Terme ein Schlammbad nehmen ▶ S. 128
Scholle auf dem Fischmarkt von Chioggia kaufen ▶ S.133
Mit dem Wind im Rücken durch das Po-Delta radeln ▶ S. 133
Villa Pisani Museo Nazionale in Stra
Padua/Padova
Seite 126
Piove di Sacco
Chioggia
Seite 132
16
17
Laguna di Venezia
Parco dei Colli Euganei
Castelfranco Veneto
Cittadella
San Martino di Lupari
Camisano Vicentino
Campodarsego
Vigodarzere
Mestrino
Vigonza
Noventa Padovana
Selvazzano Dentro
Abano Terme
Montegrotto Terme
Camponogara
Mirano
Spinea
Marghera
Oriago
Dolo
Monselice
Conselve
Cavarzere
ROVIGO

Start & Spot 14

Verona
Große Oper in der Heimat von Romeo und Julia ▶ **S. 118**

18 km Sobald du in Verona das linke Etschufer erreicht hast, bringt dich die SR11 vollends raus aus der Stadt und weiter nach Osten. Ziemlich schnell kannst du im Vorort **San Michele Extra** schon wieder anhalten und dir, nur wenige Meter neben der Durchgangsstraße, die **Chiesa della Madonna di Campagna** anschauen (*Piazza Madonna di Campagna, madonnadicampagna.it, GPS 45.43083, 11.05090*). Der ungewöhnliche Rundbau mit Kolonnadenumgang lohnt den kleinen Abstecher zu jeder Zeit, auch wenn gerade nicht geöffnet sein sollte. Dann geht es aber wirklich raus aus Verona und los auf der SR11. Die Bebauung bleibt dicht, Abwechslung und Abkühlung an heißen Sommertagen verspricht in **Caldiero** das Freibad Terme Di Giunone**.**

Terme di Giunone in Caldiero

Ganz offiziell heißt die Badelandschaft „Antiche Terme di Giunone", es sind also die „antiken Bäder der Juno". Tatsächlich sind hier am alten Waschplatz von Caldiero noch ein römisches und ein mittelalterliches Thermalbecken in Betrieb. Du kannst trotzdem getrost – und sehr angenehm – den Nachmittag auf dem ausgedehnten Areal verbringen. Teich, große Liegewiese, mehrere moderne Pools und Riesenrutsche garantieren neuzeitliche Badefreuden.

i *Öffnungszeiten saisonal | 3 € | Via delle Terme 1 | Caldiero | termediguione.it*

7 km Derart erfrischt, sind die wenigen verbleibenden Kilometer auf der SR11 nach Soave ein Klacks.

Soave

Bekannt ist das hübsche Städtchen ja vor allem als Namensgeber eines zarten, trockenen Weißweins. Die malerische Altstadt bietet sich an, um dir gewissermaßen am Ursprung stilvoll ein Gläschen davon zu genehmigen. Zudem aber ist das historische Soave vollständig von einer gewaltigen Stadtmauer mit 24 Wehrtürmen umgeben, die sich von der Ebene die Hügel hinaufzieht. Ganz oben ist das **Castello Scaligero** eingebunden, eine ebenfalls bestens erhaltene Skaligerburg, in der du historische Räume wie Speisesaal oder Rüstkammer besichtigen kannst. Das eigentliche Highlight aber ist der Rundgang auf der Mauerkrone (Vorsicht: keine Sicherung zum Hof!), auf dem du zwischen den Zinnen wunderbar weit ins Land schauen kannst, auf die Berge und Hügel im Norden und in die Ebene im Süden.

i *Castello: Mai–Okt. Di–So 9–12 u. 15–18, Nov.–April Di–So 9–12 u. 14–16 Uhr | 7 € | Via Castello Scaligero 11 | Soave | castellodisoave.it*

P *Parcheggio | Via Covergnino | Soave | GPS 45.42036, 11.25035*

Ein Traumbild hast du im Kasten, wenn du vom Castello im milden Abendlicht zwischen den Mauerzinnen nach Westen fotografierst.

20 km Auf der Weiterfahrt bringt dich die SR11 am Weinort San Bonifacio vorbei, der trotz der Nähe zu Soave zum recht kleinen DOC-Anbaugebiet Arcole gehört. In **Montecchio Maggiore** wirft die nahe Palladio-Stadt Vicenza bereits ihre Schatten voraus bzw. der Architekt Andrea Palladio, der sie so maßgeblich prägte. Nach seinem planerischen Vorbild entwarf Giorgio Massari hier auf dem Land die gartenumgebene **Villa Cordellina Lombardi** (*tgl. 9–13, Di u. Do auch 15–18 Uhr | 6 €, Kinder bis 12 J. frei | Via Lovara 36 | Montecchio Maggiore |*

HÜBSCHE HÄUSLE

Soave wurde wahrscheinlich während der Völkerwanderung von Schwaben gegründet – aus „Suaves" wurde "Soave"

HOCHHERRSCHAFTLICH

Villa Pisani in Stra: Blick auf die Gärten und ehemaligen Reitställe

provincia.vicenza.it) im neopalladianischen Stil. Die Orginale des Meisters kannst du kurz darauf in Vicenza bewundern.

Spot 15

Vicenza

Schmuck und Renaissance-Paläste vom Feinsten ▶ **S. 122**

31 km

Es ist nicht ganz leicht, Richtung Südosten aus Vicenza herauszufahren, zumindest nicht, wenn du die Autobahn vermeiden willst. Am einfachsten nimmst du die Viale G. Trissino durch die Vororte stadtauswärts und fährst auf ihr über alle Verkehrskreisel hinweg immer geradeaus, auch wenn sich der Name in Viale Camisano ändert. Sobald diese einspurig wird, hast du routenmäßig gewonnen, denn nun weist dir schon nach wenigen Hundert Metern das erste blaue Hinweisschild nach Padova den Weg. Die Zufahrt zur SR11 erfolgt über die sogenannte Tangenziale, teils verwirrend parallel zur Autobahn, aber immer mautfrei und eigentlich nicht zu verfehlen. Wenn im Bereich des Autobahnkreuzes schließlich die Via Nazionale tatsächlich zur SR11 wird, wirst du die bisherige Routenvielfalt vielleicht sogar vermissen. Denn nun geht es ohne Highlights auf zweispuriger Landstraße, nicht immer mit Seitenstreifen, durch Industrie- und Agrarland geradewegs nach Padua.

Spot 16

Padua/Padova

Bezaubernder Brennpunkt der Kunstgeschichte ▶ **S. 126**

Optionaler Anschluss: Tour E

13 km Nach so viel Weltkulturerbe geht es nun zur Abwechslung aufs Land, dazu zunächst auf der Via San Marco über die Brenta, danach im ersten Kreisel rechts auf die SR11 ab. Die führt nun als Via Regio bzw. Padana Superiore wie mit dem Lineal gezogen durch gesichtslose Industriegebiete und unter der Autobahn durch ins Städtchen **Stra**.

Villa Pisani Museo Nazionale in Stra

Die Villa ist der Schatz des Städtchens. Du musst sie nicht lange suchen, La Nazionale ist das freistehende „Schloss" mit den mächtigen Portikussäulen direkt an der SR11. Die gleichartig gestaltete Rückseite spiegelt sich effektvoll im Wasserbecken des Gartenparks. Auch innen kann sich die Villa sehen lassen, der üppige Freskenschmuck zum Beispiel stammt u. a. von Tiepolo Vater und Sohn.

i *Di u. Do 14–18, Mi u. Fr 9–13, Sa/So 9–18 Uhr | Villa u. Park 8,50 €, Kinder frei | Via Doge Pisani 7 | Stra | villapisani.beniculturali.it*

P *Parcheggio Villa Pisani | Via Bramante (beim Sportplatz) | Stra | GPS 45.41155, 12.00754*

Wenn du noch nicht 18 Jahre alt bist und einen EU-Ausweis hast, kannst du die staatlichen Museen Italiens kostenlos besichtigen.

17 km Dein Weg nach Süden führt dich nun zunächst auf der Via Oltre Brenta über die Brenta und gleich anschließend links über die Brücke, die den schmalen Schifffahrtskanal Naviglio del Brenta überquert, das Schild „Saonara 6,2" sagt dir, wo es langgeht. Nun folgst du einfach dem Straßenverlauf und schon beim nächsten Kreisel ist Padova angeschrieben. Ab hier fährst du auf schmaler Landstraße durch Felder, Weingärten, vorbei an den raspelkurz geschnittenen Vorgarten-Rasen dörflicher Neubaugebiete und kurvenreich durch die Streusiedlung Vigonovo bis Saonara. Hier nimmst du am Kreisverkehr nach der AF-Tankstelle die Ausfahrt links und fährst auf der zunächst noch sehr schmalen Via dei Vivai/SS516 der Sonne entgegen. Chioggia ist unterwegs schon angeschrieben, aber zuvor machst du noch Halt in Piove di Sacco.

Insider-Tipp
Rösslesteak für Spezialitäten-Jäger

Bei Dal Nonno kurz hinter Legnaro an der SS516 steht regionaltypisch auch mal Pferdefleisch auf der Karte (tgl. 12–14 u. 19.30–22 Uhr | Osteria dal Nonno | Via Romea 107/B (an der SS516) | Legnaro | Tel. 049 883 05 04 | €€–€€€).

Piove di Sacco

In der flachen, von Kanälchen durchzogenen Landwirtschaftsebene ist die rührige Kleinstadt eine willkommene Abwechslung. Hier bummelst du entspannt durch die historische Altstadt um die zentrale **Piazza Vittorio Emanuele II.** Von einem der Cafés in den Laubengängen ringsum hast du sowohl den etwas kurz geratenen, kantigen Uhrturm **Torre Carrarese** im Blick als auch die benachbarte, ebenfalls aus Ziegel erbaute Kathedrale des Ortes, den **Duomo di San Martino Vescovo.** Im Seitenschiff zum Platz hin öffnet sich überraschend die Bronzetür zum **Museo Paradiso** (*Mi 10–14.30, Sa 10–12.30 u. 15–17.30, So 15–17.30 Uhr | Spende erbeten | Piazza Incoronata | duomodipiove.it*). In ihm entdeckst du, wenn nicht das Paradies, so doch regionale Kirchenschätze, darunter Altarbilder von Tiepolo und Sansovino.

P *Parcheggio Anne Frank | Via Castello 20 | Piove di Sacco | GPS 45.29527, 12.03139*

Casone Ramei Rosso
Casoni sind die traditionellen Häuschen der hiesigen Landbevölkerung. Du erkennst sie leicht an ihren hohen Schilfdächern, dem breiten Außenkamin und den lehmverputzten Ziegel- und Balkenwänden. Ein restauriertes Paradebeispiel ist die Casone Ramei Rosso, in der noch bis 1979 die Piover Familie Zecchin wohnte, zeitweise bis zu zwölf Personen. Heute beherbergen das Wohnhaus und der noch kleinere Geräteschuppen mit Heuboden eine Art lokalgeschichtliches ethnografisches Museum. Außerhalb der ehrenamtlich betreuten Öffnungszeiten kannst du

jederzeit über den Zaun gut einen Blick auf das kleine Anwesen am nordöstlichen Ortsrand werfen.

April–Sept. So 10–12 u. 15.30–18.30 Uhr | 1,50 € | Via Ramei 16 | Piove di Sacco | scenedipaglia.net

26 km Die letzten Kilometer bis ans Meer führt die SS516 durch die **Saccisica,** eine historische Region der Po-Ebene (*welcomesaccisica.it | saccisica.it*). In dem fruchtbaren Schwemmland kauften sich gern wohlhabende Familien aus Padua und Venedig ein. So siehst du auf deiner Fahrt zwischen Feldern und Buschhecken immer wieder stattliche Gutshöfe und Villen. Viele sind ziemlich verfallen, einige zu altem Glanz restauriert, darunter die **Villa Roberti** (*Tel. 0392 52 2 62 96 | Brugine, 4 km westl. v. Piove di Sacco*). Keine Gefahr also, dass du dich langweilst bei der Anfahrt auf dein Strandziel Chioggia.

Ziel & Spot 17

Chioggia
Sonniges Klein-Venedig am Südrand der Lagune ▶ **S. 132**

FEUCHTGEBIETE

Am Po-Delta ist das Wasser flach und die Luft oft schwül. Das lockt Mücken an, also Spray nicht vergessen!

Verona

Große Oper in der Heimat von Romeo und Julia

Liebe und Leidenschaft sind die Themen in Verona, das macht die ehrwürdige Stadt an der südlichen Etsch zur unbestrittenen Dramaqueen unter den nicht eben wenigen Kulturhighlights des Veneto. Die gesamte Altstadt zählt zum Weltkulturerbe, wobei die riesige römische Arena und der gerade mal zwei Personen fassende Balkon der Julia einfach Pflicht sind. Für die Kür hast du reichlich Kirchen und Paläste zur Auswahl, Museen, Brücken und Befestigungsanlagen, für die ruhigeren Genussmomente die Piazza delle Erbe oder Piazza dei Signori.

P *Parccheggio Stadio Verona | Piazzale Olimpia (bei Fußballstadion und Mehrzweckhalle Palazzina Masprone) | Verona | GPS: 45.43390, 10.96775*

ES WAR DIE NACHTIGALL …

Wer weiß, ob Shakespeare sich Julias Balkon genau so vorgestellt hat

AKTIVITÄTEN & SIGHTSEEING

1 Riesenshow in der Arena di Verona erleben

Selbst auf den Steinrängen des römischen Amphitheaters sind Atmosphäre und Akustik einzigartig, ob du mit 22 000 Musikfans eine Monumental-Oper wie „Carmen" miterlebst oder ein Rockkonzert. Ohne Karten sitzt du, auch sehr unterhaltsam, draußen auf der großen, lebhaften Piazza Brà. ***Infos:*** **Besichtigung:** *Di–So 9–19.30 Uhr | 10 €, Kinder 8–14 J. 1 € | museiverona.com |* **Opernfestspiele:** *Juni–Anf. Sept. | 28–300 € | Karten Mo–Fr 10.30–16, Sa 9.15–12.45 Uhr | Via Dietro Anfieteatro | Verona | arena.it*

Insider-Tipp
Carmen für Glückspilze

Keine Opernkarten bekommen? Versuch dein Glück an der Abendkasse bei Tor 7.

2 In der Casa di Giulietta die Liebe beschwören

Der meistfotografierte Balkon Veronas ziert das gotische Altstadthaus erst seit 1905. Egal, denn ohne Weiteres könnten die Shakespeare-Figuren Romeo und Julia sich hier, im efeugrünen Innenhof, süße Nichtigkeiten zugeflüstert haben. Mit dem Eintritt ins Haus (ein Fan-Museum mit Filmrequisiten aus dem Zefirelli-Film) darfst du den Balkon sogar betreten ***Infos:*** *Di–So 9–19 Uhr | 6 €, Kinder 8–14 J. 1 € | Via Cappello 23 | Verona | museiverona.com*

3 Auf der Piazza delle Erbe Altstadtflair genießen

Der längliche Kräutermarkt gilt als Freiluft-Wohnzimmer der Stadt, seine Cafés sind immer gut besucht. Als Kulisse nutzen die Marktbuden zwischen Fontana di Madonna Verona und Colonna di San Marco die Prachtbauten, darunter Case dei Mazzanti, Palazzo Maffei, Skaligerturm Torre del Gardello und Domus Mercatorum. ***Infos:*** *Lebensmittel- und Souvenirmarkt tgl. ab 8 Uhr*

4 In der Chiesa Sant'Anastasia das Pferd finden

Wenn du ein wenig in die Knie gehst, bist du gleichauf mit den zwei Steinzwergen, die eingangs auf buckligen Rücken Weihwasserbecken tragen.

REGENTAG – UND NUN?

5 Kunst und Aussicht im Palazzo genießen

Ein Glücksfall, dass die **Galleria d'Arte Moderna Achille Forti (GAM)** im Renaissancegeviert des **Palazzo della Ragione** Platz fand, dem Prachtkomplex zwischen Piazza delle Erbe und Piazza dei Signori. Dazu gehört auch der rot-weiße, fast 84 m hohe Torre dei Lamberti, der die allerschönste Aussicht über ganz Verona bietet. ***Infos:*** *Di–So 11–19 Uhr | 4 €/mit Torre dei Lamberti 8 €, Schüler 1 €, Kinder bis 7 J. frei | Cortile Mercato Vecchio | Verona | museiverona.com*

Unter gotischen Spitzgiebeln folgen prächtige Altäre und Kapellen. Das berühmte Pferd, einen Schimmel, siehst du erst vorne in der Capella Cavalli im Pisanello-Fresko „Aufbruch des Hl. Georg" – von hinten. ***Infos:*** *Mo–Fr 9.30/10.30–17.30/18, Sa 9.30–18 Uhr | 3 €, Kinder bis 11 J. frei | Via Santa Maria Antica 2 | Verona | chieseverona.it*

ESSEN & TRINKEN

6 Macafame

Hinter dem Rücken der Dante-Statue tischen sie dir in dem Seitengässchen der Piazza dei Signori in dieser Osteria beste Lokalküche auf. ***Infos:*** *Di–So 12–15, Di–Sa 20–24 Uhr | Via delle Fogge 6 | Verona | Tel. 0347 873 01 50 | osteriamacafame.it | €€–€€€*

7 Flora

Bio, vegan, glutenfrei, raffiniert und lecker. Keine Bekehrungsversuche, einfach nur gutes Essen. ***Infos:*** *Tgl. 12–14.30 u. 19–22.30 Uhr | Stradone Scipione Maffei 8/C | Verona | Tel. 045 800 63 00 | ristoranteflora.it | €€–€€€*

EINKAUFEN

8 Via Mazzini

Natürlicher Treffpunkt von Trendsettern und Touristen, denn was in der italienischen und internationalen Modewelt Rang und Namen hat, ist in der schmalen Fußgängerstraße zwischen Piazza Brà und Piazza delle Erbe bzw. Casa di Giulietta vertreten. ***Infos:*** *Die meisten Geschäfte Mo–Sa 10/10.30–19/19.30 Uhr | visitverona.it*

9 Antichità Faustini Marco

Nichts für den schnellen Einkauf, aber ein originelles Möbelstück mit Geschichte oder ein historisches Gemälde für zu Hause kannst du hier schon finden. ***Infos:*** *Mi 16–19, Do–Sa 10–12.30 u. 15–19 Uhr | Via Capello 12/11 | Verona | faustinimarcoantichita.it*

MIT LIEBE GEFÜLLT

Die Tortellini werden jedes Jahr im Juni in Valeggio sul Mincio mit der „Festa del Nodo d'Amore", dem „Fest des Liebesknotens", gefeiert

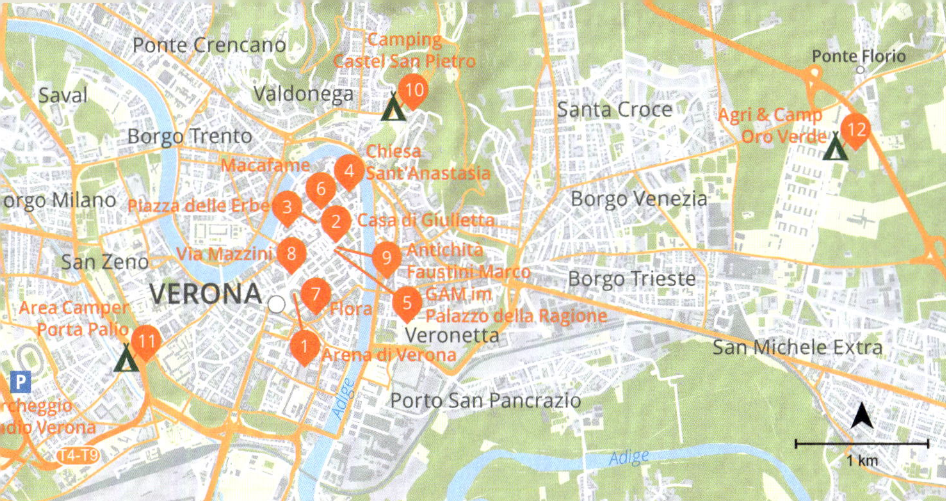

STELL- & CAMPINGPLÄTZE

10 Einrichtung schlicht, Lage super

… das ist die Kurzfassung zu dem kleinen terrassierten, üppig grünen Platz unterhalb des Parco delle Colombare auf dem Colle San Pietro. Der Blick auf die Altstadt ist grandios (Treppe hinunter), die Parkumgebung mit alten Bäumen auch sehr schön. Die Stellplätze sind leider klein geraten und nicht geeignet für Gespanne oder größere Womos, schon Zufahrt und Torbogen sind eng. Am besten einen der wenigen Schotterplätze oben am Eingang reservieren.

Camping Castel San Pietro 

€–€€ | Via Castell San Pietro 2 | Verona | Tel. 045 59 20 37 | campingcastelsanpietro.com | GPS: 45.45049, 11.00417

- **Größe:** *48 Stellplätze*
- **Ausstattung:** *Brötchenservice, kleiner Shop, Bistro-Cafè*

11 Bequem, schattig, zentrumsnah

Videoüberwachte Stellplätze ohne Service, aber mit Baumschatten in zwei Reihen auf Asphaltplatz zwischen Etsch und Porta Palio. Günstig zur Altstadt gelegen, zu Fuß bist du in 20 Minuten auf der Piazza Brà Oder du nimmst Bus 93, 94 oder 95 zum Corso Cavour.

Area Camper Porta Palio

€ | Via Luigi Piccoli/Ecke Via G. Dalla Bona | Verona | GPS: 45.43450, 10.97780

- **Größe:** *36 Stellplätze*
- **Ausstattung:** *Trinkwasser, Abwasser*

12 Agricamping mit Wein und Oliven

Großer ebener Rasenplatz auf dem modernen Oliven- und Weinbauernhof von Emanuela und Luca, ganzjährig geöffnet. Supermarkt nahebei, Wein, Olivenöl und Honig gibt es vor Ort. Fuß- und Radweg ins 5 km entfernte Zentrum von Verona, ebenso Bus Nr. 13.

Agri & Camp Oro Verde

€ | Via San Michele 3 (nahe Tangenziale Est) | Verona | Tel. 034 256 78 96 | oroverdeverona.it | GPS: 45.44701, 11.04650

- **Größe:** *15 Stellplätze*
- **Ausstattung: Kleiner Hofladen, Weinverkostung vor Ort möglich**

Vicenza
Schmuck und Renaissance-Paläste vom Feinsten

Eleganz und Weltkulturerbe-Status verdankt die selbstbewusste Provinzhauptstadt dem Renaissance-Architekten Andrea della Gondola, genannt Palladio. Wenn dir in Vicenzas palastreicher Altstadt ein besonders lebhafter Säulenbau auffällt, stammt er wahrscheinlich von dem schaffensfrohen gelernten Bildhauer. Auch ansonsten steht Handwerk hier hoch im Kurs. Stolz beherbergt das Zentrum der norditalienischen Gold- und Schmuckindustrie alle drei Fachmessen des weltgrößten jährlichen Branchentreffens VicenzaOro.

P *Parcheggio Cricolli | Via Pforzheim (Bus 30 ins Zentrum) | Vicenza | GPS: 45.56332, 11.54761*

ELEGANT & LUFTIG

Die Basilica Palladiana ist das erste öffentliche Meisterwerk Palladios. Vollendet wurde sie erst 1614, 34 Jahre nach dem Tod des Architekten

AKTIVITÄTEN & SIGHTSEEING

1 Im Centro storico Weltkulturerbe aufstöbern

Die ganze Altstadt von Vicenza ist ein Architekturmuseum, wobei „nur" die 23 öffentlichen und privaten Paläste des Planers Palladio das Weltkulturerbe-Siegel tragen. Zu diesen Must-Sees gehören u. a. Palazzo Barbaran da Porto, Teatro Olimpico und Loggia del Capitaniato an der Piazza dei Signori. Das überragende Gebäude an diesem Marktplatz ist aber die fast 80 m hohe Torre Bissara aus dem 12. Jh. ***Infos:*** *2,2-km-Spaziergang „Vicenza: Itinerario Palladiano" | vicenzae.org*

2 In La Rotonda den richtigen Eingang finden

Auch diese Landvilla von Palladio gehört zum Weltkulturerbe. Kompakt und stattlich steht der Kuppelbau frei auf einem Hügel, die Aussicht ist in alle vier Himmelsrichtungen unbegrenzt weit. Andersherum siehst du von überall her die gleiche Villa, denn alle vier Gebäudeseiten sind identisch, inklusive des markanten Portikus. ***Infos:*** *Mitte März–Anf. Dez. Di–So 10–12 u. 15–18 Uhr, Räume nur Mi u. Sa | 10 €, Kinder 7–14 J. 5 €, bis 6 J. frei | Via della Rotonda 45 | Vicenza VI | villalarotonda.it*

3 In der Chiesa di Santa Corona die Welt vergessen

Als Kirche von schlichter Schönheit, als Museum großartig. Das liegt vor allem an dem mächtigen Altar mit Bilderfeldern aus Marmorintarsien und dem Altarbild „Taufe Christi" von Giovanni Bellini an einer Seitenwand. Auch das geschnitzte halbrunde Chorgestühl solltest du dir genauer anschauen. ***Infos:*** *Di–So 9–17 Uhr | 3 €, Kinder frei | Contrà Santa Corona 2 | Vicenza | kostenloser Guide unter chiesadisantacorona.vicenza.it | museicivicivicenza.it*

4 In der Basilica Palladiana das Schmuckmuseum besuchen

„Basilica" ist hier ein Ehrentitel, denn Palladios Meisterwerk war von jeher ein Wirtschaftsgebäude. Passenderweise kannst du in diesem Architekturjuwel im sehr kleinen **Museo del Gioiello** außergewöhnliche Schmuckstücke von gestern und heute bewundern. ***Infos:*** *Di–So 10–18 Uhr | 10 €, Kinder frei | Piazza dei*

REGENTAG – UND NUN?

5 Im Stadtmuseum eine Kunsttour machen

Exquisite Kunst findest du im **Museo Civico di Palazzo Chiericati** bis unters Dach, darunter Meisterwerke von Tintoretto, Sansovino oder dem Gemmenschneider Valerio Belli. Kongenial sind, besonders für die Gemälde und Skulpturen, die freskengeschmückten Säle des Renaissance-Palastes – der ist natürlich von Palladio. ***Infos:*** *Di–So 9–17, Juli/ Aug. 10–18 Uhr | 7 €, Kinder frei | Piazza Matteotti 37 | Vicenza | musei civicivicenza.it*

Signori (Eingang Buchladen) | Vicenza | museodelgioiello.it

Insider-Tipp
Highlight Dachterrasse
Super-Aussicht von der Dachterrasse der Basilica Palladiana auf das bunte Treiben zwei Etagen tiefer (April–Sept. Di–So 10–18 Uhr, | 5 €, Kinder 2 €).

ESSEN & TRINKEN

6 Garzadori

Modern-klassisch vom hohen Gewölbe über die Einrichtung bis zur Wein- und Speisekarte. Die bietet Hamburger, Pizza etc. ***Infos:*** *Di–So 11–15 u. 18–24 Uhr | Contra Piancoli 4 | Vicenza | Tel. 0444 32 06 61 | garzadori.com | €€*

7 Antico Guelfo

Helles, freundliches Altstadtlokal. Küchenchef Lucas „Liebe zu gutem Wein und guter Küche" schmeckst du, von den hausgemachten Tagliatelle bis zum Makrelen-Tataki. ***Infos:*** *Mi–Mo 12–15 u. 19–24 Uhr | Contrà Pedemuro S. Biagio 92 | Vicenza | Tel. 0444 54 78 97 | anticoguelfo.it | €€–€€€*

EINKAUFEN

8 Concato Preziosi in Vicenza

Hochwertige Uhren und Schmuck kannst du in dem kleinen Eckladen kaufen, reinigen oder reparieren lassen. Der Goldschmiedemeister fertigt auch nach Auftrag dein ganz persönliches Schmuckstück. ***Infos:*** *Di–Sa 9–12.30, Mo–Sa 15.30–19.30 Uhr | Contra Pescaria 16 | Vicenza | orologeriaconcato.it*

9 Cicli Liotto Gino & Figli

Sollte an deinem Rad eine Schraube locker sein oder du sonst was in der Art für deinen Aktivurlaub brauchen, hier wird dir geholfen. ***Infos:*** *Di–Sa 8.30–12.30 u. 15–19 Uhr | Via Ragazzi del '99 Nr. 42 | Vicenza | liotto.com*

DIE STADT LIEGT DIR ZU FÜSSEN

Der Ausblick über Vicenza vom Stellplatz Monte Berico ist famos

STELL- & CAMPINGPLÄTZE

10 Autobahnnaher Platz am äußersten Stadtrand

Ebener Rasenplatz am zugehörigen Hotel, Camper können Pool, Sauna und Beauty Parlour gegen Gebühr nutzen. Hecken und hohe Laubbäume auf dem Gelände, Einkaufsmöglichkeiten in der Nähe. 500 m von Autobahnausfahrt Vicenza Est, Bus Nr. 19 zum Innenstadtrand 7 km nordwestlich.

Camping Vicenza

€–€€ | Via U. Scarpelli 35 | Vicenza | Tel. 0444 58 23 11 | campingvicenza.it | GPS: 45.51767, 11.60147

▶ **Größe:** *73 Parzellen, 70–90 m² (CEE 6 Ampere), 2 Mietzelte*
▶ **Ausstattung:** *Wasser, Abwasser, Strom, WC, Duschen*

11 Praktische Stellplätze für den Stadtbesuch

Teils videoüberwachte Womo-Stellplätze im rückwärtigen Areal eines großen asphaltierten, schattenlosen Parkplatzes. Ca. 1 km ins Zentrum, 15 Minuten zu Fuß (am Flüsschen Bacchiglione entlang) oder mit Bus Nr. 19, Parkticket beinhaltet Busfahrschein.

Area Sosta Camper Park Interscambio

€ | Via Bassano (nahe Fußballstadion) | Vicenza | GPS: 45.54311, 11.55887

▶ **Größe:** *50 Stellplätze*
▶ **Ausstattung:** *Wasser, Abwasser, Kassettenentleerung, WC*

12 Stellplätze auf Terrazza panoramica über der Stadt

Öffentlicher Parkplatz vor Marienwallfahrtskirche auf einem Hügel zwischen Altstadt und Villa La Rotonda, asphaltiert, kein Schatten. Die Aussicht über Vicenza ist großartig. Von oben kannst du dir schon mal aussuchen, welche Bauten du bei deinem Stadtrundgang unbedingt ansteuern willst. Öffentliches WC/Wasser nebenan, Bus Nr. 1, 5 und 7 ins ca. 2 km entfernte Zentrum.

Parcheggio Monte Berico

Kostenfrei | Piazzale della Vittoria | Vicenza | GPS: 45.53582, 11.54502

▶ **Größe:** *115 Parkplätze*

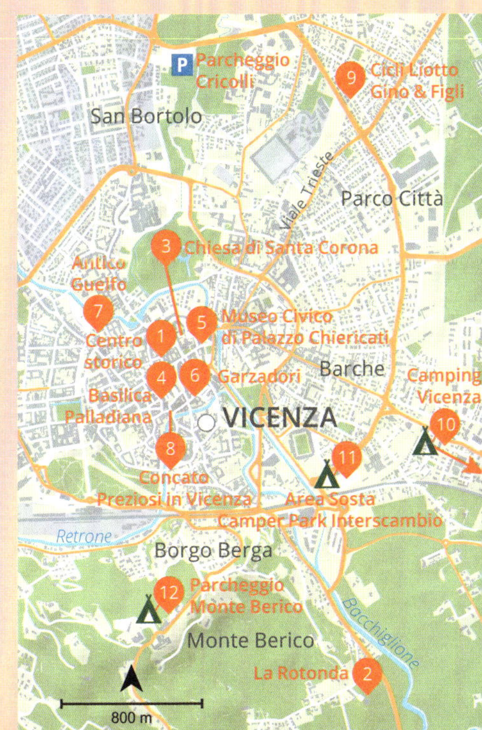

Padua/Padova
Bezaubernder Brennpunkt der Kunstgeschichte

Das hat Padua nicht verdient, dass so viele vorbeifahren, weil sie dem übermächtigen Ruf des nur 40 km entfernten Venedigs folgen. Denn auch die Provinzhauptstadt am nördlichen Rand der Po-Ebene hat Großartiges zu bieten: Giotto-Fresken und ein Botanischer Garten mit Weltkulturerbe-Status, Kunst und Kirchen zum Schwindeligwerden, die älteste Segmentbogenbrücke der Welt, nach Moskau und Paris den drittgrößten Platz Europas, eine der besten und beliebtesten Universitäten Italiens und eine bezaubernde Altstadt. Zeit für eine Neu-Entdeckung.

P *Parcheggio Prato della Valle – Piazza Rabin | Via 58. Reggimento Fanteria 1 | Padova | parcheggipadova.it | GPS 45.39533, 11.87681*

KAFFEE AUF DER PIAZZA

Die hübsche Piazza dei Signori mit mittelalterlichem Uhrturm Torre dell'Orologio

AKTIVITÄTEN & SIGHTSEEING

1 In der Cappella degli Scrovegni kurz Blau sehen

Was für ein Blau! Ein Blick in das Tonnengewölbe der Scrovegni-Kapelle und du bist im Farbenrausch. Die wundervoll lebendigen Szenen malte Giotto vor mehr als 700 Jahren, seine Gottes- und Heiligenbilder, das Jüngste Gericht und weitere Weltkulturerbe-Fresken überziehen Decken und Wände. ***Infos:*** *Tgl. 9–17 Uhr, ¼-Std.-Timeslot, nur mit Anmeldung, mind. 1 Tag vorher, evtl. mehrere Wochen Wartezeit | 14 €, Kinder bis 5 J. 1 €, Schüler 5 € | Piazza Eremitani 8 | Padova | cappelladegliscrovegni.it*

Insider-Tipp

Lohnt sich: Padova Card

11 x Museen, u. a. Scrovegni-Kapelle, Musei Civici, Palazzo della Ragione, ÖPNV inklusive – 48 h für 18 €, 72 h für 24 €.

2 Auf der Piazza Eremitani stilvoll warten

Während du auf Einlass in die Scrovegni-Kapelle wartest, kannst du auf der Piazza Eremitani ins Kaffeehaus gehen oder im Klosterkomplex in die **Musei Civici agli Eremitani di Padova.** Alles hier ist Stadtgeschichte, die reiche archäologische Abteilung, die Gemälde von Bellini, Tintoretto, Veronese und das Altarbild des gekreuzigten Christus von Giotto. ***Infos:*** *Di–So 9–18.45 Uhr | 10 €, Schüler 6 € | Piazza Eremitani 8 | Padova | padovacultura.padovanet.it*

3 Den Riesensaal im Palazzo della Ragione abschreiten

Wieder Weltkulturerbe, diesmal zieren Fresken mit astrologischen Motiven den Rats- und Gerichtssaal im Obergeschoss des Palazzo della Ragione. Unglaubliche 81 m lang, 27 m breit und 25 m hoch, ist er an sich schon ein Hingucker. Die enorme Höhe liegt auch am offenen Dachgeschoss, das wie ein umgedrehter Schiffskiel aufliegt. ***Infos:*** *Di–So 9–18/19 Uhr | 4 € | Piazza delle Erbe | Padova*

4 Auf der Piazza dei Signori Altstadtflair schnuppern

Ob du morgens über den Markt schlenderst oder dich abends unter das Feierabendvolk mischst: Schön ist der lang gestreckte Altstadtplatz, umrahmt u. a. vom Renaissancepalast der Loggia del Consiglio und dem bunten Torre dell'Orologio, immer.

5 Auf der Piazza del Santo Künstler und Heilige ehren

Auf „Welterbe-Tour" solltest du zielstrebig den mittleren der drei Backsteinbauten ansteuern. Dieses kleine **Oratorio di San Giorgio** malte Altichiero da Zevio für Fürst Soragna vollständig mit exquisiten Fresken aus. Ebenfalls viel besucht ist in der Mutterkirche, der großen kuppelgeschmückten **Basilica di Sant'Antonio** nebenan, das Grab des Hl. Antonius von Padua. ***Infos:*** *Oratorium: Di–So 9–13 u. 14–18 Uhr | 7 €, Schüler 5 €, Kinder bis 6 J. frei | Basilika: Mo–Sa 6.15–19, So bis 19.30 Uhr | Eintritt frei | santantonio.org*

6 Im Orto Botanico di Padova das Gras wachsen hören

Ohne Witz, hier schaute Goethe einer Palme beim Wachsen zu und schrieb begeistert darüber. Heute ist dieser älteste botanische Universitätsgarten der Erde Weltkulturerbe und du wirst dich schwertun, alle 3500 Pflanzenarten, die Gewächshäuser, das Arboretum, den Kräutergarten und so viel mehr bei nur einem Besuch zu sehen. ***Infos:*** *April–Sept. Di–So 10–19, Okt.–März Di–So 10–17/18 Uhr | 10 €, Kinder 13–25 J. 5 €, bis 12 J. frei | Via Orto Botanico 15 | Padova | ortobotanicopd.it*

7 Auf dem Prato della Valle Größe spüren

Moskau und Paris liegen noch davor, aber nach Rotem Platz und Place de la Concorde kommt auf der Liste der größten Plätze Europas gleich der Prato delle Valle. Wassergraben und ein doppelter Statuenring umgeben das grüne Oval, auf dem auch du dich dem abendlichen Giro, dem typischen Freizeit-Flanieren, anschließen kannst. Stadtauswärts bewacht die **Basilica Santa Giustina** den Platz, ihrerseits eine der größten Kirchen der Welt. ***Infos:*** *Basilica: Werktags 7.30–12 u. 15–18/20, So 6.30–13 u. 15–19.30/20 Uhr | Eintritt frei | Via Giuseppe Ferrari 2/A | Padova | abbaziasanta giustina.org*

8 In Abano Terme baden gehen

Warme Thermalbäder und der Heilschlamm der Euganeischen Hügel sollen bei Rückenproblemen wahre Wunder wirken, sind aber auch so sehr angenehm. Gut ausprobieren kannst du das in Abano Terme, wo viele Hotels wie etwa das **AbanoRitz Hotel Terme** ihre Kurzentren gegen Gebühr auch für auswärtige Gäste öffnen. ***Infos:*** *AbanoRitz Hotel Terme: Tgl. 8–20 Uhr, nur mit Anmeldung | Thermal-Pool 12 €, Day Spa ab 69 € | Via Monteortone 19 | Abano Terme (12 km südwestl. v. Padua) | ho telabanoritz.de | abano.it*

9 Im Barockgarten der Villa Barbarigo wandeln

Auf dem „Pfad der Erlösung" durchwanderst du den wundervollen **Giardino Monumentale di Valsanzibio.** Dabei stehen Sonnett-Treppe, Heckenlabyrinth oder Hasen-Insel allegorisch für den

REGENTAG – UND NUN?

10 Im MUSME Medizin studieren

Seit mehr als 650 Jahren kann man in Padua Medizin studieren. Was dabei alles gelehrt und erforscht wurde und wie es sich überhaupt mit deinem Körper und anderen Lebensformen verhält, erfährst du im **Museo di Storia della Medicina (MUSME),** einem modernen Medizinmuseum mit Filmen, Instrumenten, interaktiven Bildschirmen und 3D-Animationen „zum Anfassen".
Infos: *Sa/So 9.30–19 Uhr | 10 €, Kinder bis 4 J. frei, Schüler 6 € | Via San Francesco 94 | Padova | musme.it*

Weg des Menschen zu seiner Vollendung. **Infos:** *Letzter Sa im Febr.–2. Sa im Dez. Mo–Fr 10–13 u. 14 Uhr–Sonnenuntergang, Sa/So 10 Uhr–Sonnenuntergang | 12 €, Kinder 6,50 € | Via Diana 2 | Valsanzibio (27 km südwestl. v. Padua) | valsanzibiogiardino.com*

ESSEN & TRINKEN

11 Vecchio Falconiere

Mit Lust auf Fleisch bist du im Alten Falkner richtig, Waygu- und Tomahawk-Steaks werden showmäßig am Tisch zubereitet. **Infos:** *Di–So 12–14.30 u. 19–22.30 Uhr | Via Umberto I. 31 | Padova | Tel. 049 65 65 44 | vecchiofalconiere.it | €€–€€€*

12 Osteria Ai Scarponi

Einheimischen und Gästen schmecken regionale Gerichte und Weine in dem gemütlichen Lokal gleichermaßen gut, auch für Vegetarier ist was dabei. **Infos:** *Mi–Mo 19.30–22.30, Sa/So auch 12.30–14.30 Uhr | Via Cesare Battisti 138| Padova | Tel. 049 817 12 85 | aiscarponi.it | €€–€€€*

13 Osteria dal Capo

Venezianische Gerichte sind die Spezialität des sympathisch altmodisch wirkenden Lokals. Wenn du also schon immer mal Baccalà alla Veneta (Stockfisch auf venezianische Art) kosten wolltest oder „Kutteln wie früher" ... **Infos:** *Mo–Sa 12–15, Di–Sa 19–22.30 Uhr | Via Obizzi 2| Padova | Tel. 049 66 31 05| osteriadalcapo.it | €€*

EINKAUFEN

14 Mercato dell'Antiquariato

Auf dem Straßenflohmarkt kannst du mit Händlern und Privatleuten um Möbel, Besteck, Gläser, Bücher, Gerätschaf-

GARTENROMANTIK

Der Garten der Villa Barbarigo (erbaut 1665–1696) beeindruckt mit barocker Pracht

ten und sonstige alte schöne Dinge feilschen. Wenn das nicht so dein Fall ist, machen Flanieren und Schauen auf jeden Fall Spaß. ***Infos:*** *Jeder 3. So im Monat 8–20 Uhr | Prato della Valle und Via Umberto I. | Padova*

15 Shop Museo del Precinema

Fachbücher und Filme findest du in diesem ungewöhnlichen Museum für bewegte Vor-Kino-Bilder auch, vor allem aber Schattenspiele, Papiertheater, Wunderscheiben, Daumenkinos und andere nette Stücke aus einer Zeit, bevor die Bilder laufen lernten. ***Infos:*** *Mi–Mo 10–16 Uhr | Prato della Valle 1/A (Palazzo Angeli) | Padova | minicizotti.it*

AUSGEHEN

16 Café Pedrocchi

Schickes Altstadtcafé von 1831. Hier trinken seit jeher Lehrende und Studierende des nahen Palazzo Bo ihren Caffè, später am Abend gern auch Stärkeres. Aussicht und Stimmung sind unübertrefflich auf den beiden Frontterrassen im 1. Stock. ***Infos:*** *Tgl. 8–24 Uhr | Via VIII Febbraio 15 | Padova | caffepedrocchi.it | €€€*

17 Canenero

Nachtschwärmer lieben die Bar im alten Ghetto mit der enormen Auswahl an Cocktails, Hochprozentigem, lokalen und internationalen Craft-Bieren, dazu Snacks und Rockmusik. ***Infos:*** *Di–So 18–1.30 Uhr | Via dell'Arco 11 | Padova | Facebook: caneneropadova*

STELL- & CAMPINGPLÄTZE

18 Kommunale Stellplätze in nördlichem Vorort

Schlicht, aber okay, wenn du ohne größeren Service (Strom vorhanden) übernachten willst und/oder einen guten, sicheren Parkplatz während deines

KAFFEE FÜRS VOLK

Im Café Pedrocchi verkehrten früher Revolutionäre und berühmte Schriftsteller wie Stendhal oder Lord Byron

Stadtrundgangs suchst. Lärmempfindlich solltest du nicht sein, der Asphaltplatz schließt direkt an den Busbahnhof an. Schatten gibt es auch nicht, aber die Innenstadt erreichst du bequem und direkt mit der Tram 1. Eingeschränkte An-/Ausfahrt: Mo 10–13, Mi–Sa 10–13 u. 14–17, So 14–17 Uhr. Zahlen nur mit Kreditkarte am Kassenautomaten.

Area Sosta Camper Pontevigodarzere

€ | Via Telemaco Signorini | Padova | parcheggi padova.it | GPS: 45.44239, 11.88814

▶ **Größe:** *30 Stellplätze*
▶ **Ausstattung:** *Wasser, Abwasser, Kassettenentleerung, Strom*

19 Übernachten bei den Salesianern im Thermalbad

Ruhige, sehr ordentliche Stellplätze auf Rasengitter mit allem Service. Schöne Lage hinter dem Kurhotel der Salesianer und neben der Pfarrkirche mit heißer Heilquelle in den grünen Hügeln am Ortsrand von Abano Terme. Als Camper kannst du die umfänglichen Kur- und Thermalanlagen des Hotels nutzen.

Hotel-Camping Terme Mamma Margherita

€ | Via Monteorcone 63 (gleich nach dem Ortsende von Abano Terme) | Tramonte (14 km südwestl. v. Padua) | Tel. 049 866 93 50 | termesalesiani.it | GPS: 45.35093, 11.75837

▶ **Größe:** *29 Stellplätze*

20 Private Stellplätze in ländlichem Vorort

Videoüberwachtes Areal im abgeschlossenen Hof eines kleinen Agriturismo (Urlaub auf dem Bauernhof), Supermarkt und Restaurant nahebei. Gut für Unterwegs-Übernachtung, für eine Stadtbesichtigung vielleicht etwas weit draußen (Bus Nr. 15 fährt rund 40 Min. ins 7 km entfernte Zentrum).

Le Cicale

€ | Via delle Granze Sud 55 (nahe A13 Ausfahrt Padova Zona Industriale) | Padova | Tel. 049 71 83 93 | agriturismolecicale.it | GPS: 45.37836, 11.93990

▶ **Größe:** *ca. 6 Parkplätze*
▶ **Ausstattung:** *Wasser, Abwasser, Strom, WC, Duschen*

Spot 17

Chioggia
Sonniges Klein-Venedig am Südrand der Lagune

Eine Lagunenstadt auf mehreren Inseln, am Hauptkanal dümpeln bunte Boote zwischen Häusern, die auf Pfählen im flachen Wasser erbaut wurden – das klingt nach Venedig, wäre nicht alles so klein und niedlich. Schon lange konkurriert Chioggia nicht mehr mit der großen Nachbarin im Norden und konzentriert sich stattdessen auf seine ureigenen Stärken: den größten Fischmarkt Italiens, Anbau und Handel von Feinschmecker-Gemüse sowie vergnügungsorientierten Sommertourismus am 6 km langen Sandstrand der Badeinsel Sottomarina.

P *Area Sosta Camper Lusenzo | Viale della Stazione | Chioggia | GPS 45.20781, 12.27577*

KLEIN-VENEDIG

Der Venta-Kanal durch die Altstadt, wird von der Ponte di Vigo, der „Rialto-Brücke von Chioggia", überspannt

AKTIVITÄTEN & SIGHTSEEING

1 Die Altstadtinsel Chioggia komplett durchwandern

Beginn deinen Streifzug an der „Rialto-Brücke Chioggias", der **Ponte di Vigo,** mit ihrem doppelten Ausblick auf Meer und Stadt. Der **Canal Vena** unter ihr trennt das nur 1 km lange und etwa 500 m breite Chioggia nochmals. Parallel verläuft die lebhafte Straße **Corso del Popolo,** wo etwa am Kanal hinter dem Palazzo Granaio morgens der **Mercato del Pesce,** der werktägliche Fischmarkt, stattfindet. ***Infos:*** *visitchioggia.com*

Insider-Tipp

Musik aus allen Rohren

Sonntagabend ist Orgelkonzert, die 30 Register der Callido-Orgel in der großen Santa Maria Assunta am Corso del Popolo können sich hören lassen.

2 Von Mole zu Mole durch den Sand von Sottomarina laufen

5 km durch feinen Sand stapfst du zwischen Diga sul Brenta im Süden und Diga di San Felice im Norden. Die Liegestuhl-Areale stören dich dabei nicht, denn der Strand im Osten der Urlaubsinsel Sottomarina ist breit genug. Je weiter du kommst, desto bunter und lauter locken Strandbars, Fahrgeschäfte und Sportanbieter. Da ist es am Schluss richtig erholsam, auf der 800 m langen Mole in aller Ruhe die Hebenetze der Daubelfischer abzuschreiten. ***Infos:*** *visitchioggia.com*

3 Die Laguna del Lusenzo umrunden

7 km auf dem Radweg **Pista Ciclabile** oder dem Wanderweg **Passeggiata Lusenzo Itinerario Naturalistico** rund um die zentrale Lagune von Chioggia: Vom Park der Isola dell'Unione geht es entlang der Kais im Westen von Sottomarina über die schmale Ponte Baden-Powell und das Borgo San Giovanni zurück in die Altstadt von Chioggia. Unterwegs informieren dich Infotafeln über Flora und Fauna der Lagune. ***Infos:*** *visitchioggia.com*

4 Das Po-Delta mit dem Rad entdecken

Je nach Route siehst du Flamingokolonien oder Fischteiche, Schilf, Steineichen oder Pinien auf deinem Weg durch

REGENTAG – UND NUN?

5 Im Heimatmuseum etwas übers Meer lernen

War zu vermuten, dass Seefahrt und Fischerei zentral sind im **Museo Civico della Laguna Sud.** Das berührt aber auch Aspekte wie Salzgewinnung, Sandbäder in der Psammotherapie oder Tegnùe, ungewöhnliche Felsriffe (keine Korallen) der nördlichen Adria. ***Infos:*** *Mitte Juni–Aug. Di–So 9–13, Do–So zusätzl. 21–23 Uhr, Sept.–Mitte Juni Di–So 9–13, Sa/So zusätzl. 15–18 Uhr | 4 €, Kinder bis 18 J. frei | Campo Marconi 1 | Chioggia | museo.chioggia.org*

den **Parco Naturale Regionale Veneto del Delta del Po.** Alle Radwege hier sind flach, auch der 60 km lange Rundweg Donzella oder die Via delle Valli Nord ab Rosolina Mare, wofür du dir vor Ort auch spontan bei **Porzionato Ciclonoleggio** einen Drahtesel ausleihen kannst. ***Infos:*** *Radverleih: Di–So 9.30–13 u. 15–24 Uhr | Via dei Lauri 6 | Rosolina Mare (23 km südöstl. v. Chioggia) | porzionatociclo noleggio.com | visitdelta.eu, parcodel tapo.org*

ESSEN & TRINKEN

6 Osteria Penzo

Äußerlich mag das Spezialitätenlokal im Seitengässchen nahe der Ponte di Vigo nicht viel hermachen, aber hier zählen innere Werte, sprich: Fisch, Meeresfrüchte, Muscheln, Frische. ***Infos:*** *Di–So 12–15 u. 19.30–22 Uhr | Calle Larga Bersaglio 525 | Chioggia | Tel. 041 40 09 92 | osteriapenzo.it | €€–€€€*

7 Aurora

Feine Fischküche, wie du es von Chioggia und Sottomarina erwartest. Auch sonst ist das Hotelrestaurant durchweg gut, die Dolci sind geradezu ein Gedicht! ***Infos:*** *Mi–Mo 19–23 Uhr | Via Madonna Marina 112 | Chioggia | Tel. 041 49 30 06 | aurora.ve.it | €€–€€€*

EINKAUFEN

8 El Zioba

Gemüse kaufst du am frischesten auf dem Wochenmarkt entlang des Corso del Popolo, überregionalen Feinschmecker-Ruf genießt insbesondere der regionale Radicchio, genannt Rossa di Chioggia. ***Infos:*** *Jeden Do frühmorgens bis ca. 14 Uhr | Corso del Popolo | Chioggia*

9 Abbigliamento Albiero Sport

Du hast das Badezeug vergessen, mein Michael? Macht nichts, im Albiero Sportgeschäft in Sottomarina findest du alles, was man an Pool und Strand so

ADRIA-FEELING

Auf dem Campingplatz Village Adriatico steht man eng, dafür aber ganz nah am superlangen, superbreiten Sandstrand

braucht. ***Infos:*** *Di–Sa 9–12.30, Mo–Sa 15.30–19.30 Uhr | Viale Tirreno 56–58 | Chioggia | albierosport.com*

STELL- & CAMPINGPLÄTZE

10 Strandcamping am südlichen, ruhigeren Lido

Bäume und Mattengestelle sorgen für schattige Plätze (etwas klein). Kinder lieben den Spielplatz und das Planschbecken, der Strand liegt jenseits der Uferstraße.

Camping Village Adriatico 

€–€€ | Lungomare Adriatico 82 | Chioggia | Tel. 041 49 29 07 | campingadriatico.com | GPS: 45.20474, 12.2929891

- **Größe:** *125 Parzellen, 55–80 m² (CEE 5–6 Ampere), 2 Bungalows*
- **Ausstattung:** *Brötchenservice, kleiner Shop, Pool, Restaurant*

11 Stellplätze direkt am Strand

120 m zum Strand, 380 m zum Wasser, das ist der große Vorteil des grasdurchsetzten Schotterplatzes, auf dem die Plätze entlang der Baumreihe immer als erstes belegt sind.

Area Sosta Camper dal Padoan

€ | Via San Felice 10 (Zufahrt auch über Lungomare Adriatico mgl.) | Chioggia | Tel. 0388 355 56 25 | parcheggiodalpadonan@hotmail.com | GPS: 45.22240, 12.29549

- **Größe:** *40 Stellplätze, Strom 1–3 Ampere*
- **Ausstattung:** *Wasser, Abwasser, Kassettenentleerung, Strom, WC, Duschen*

12 Freundliches Durcheinander hinterm Dünenwall

Über den enorm großen Platz (46 ha!) dreht regelmäßig die kleine Bimmelbahn ihre Runden. Nicht schlecht, um bequem ins Pinienwäldchen zu kommen, zu den Dünen oder an den mehr als 1 km langen dunklen Sandstrand dahinter.

Rosapineta Camping Village

€–€€ | Strada Nord 24 | Rosolina Mare (23 km südöstl. v. Chioggia) | Tel. 042 66 80 33 | rosapineta.it | GPS: 45.13917, 12.32313

- **Größe:** *1051 Parzellen, 60–90 m² (CEE 16 Ampere), 497 Bungalows, 26 Mietzelte*
- **Ausstattung:** *Brötchenservice, Shop, Pool, Restaurant, Radverleih, Minigolf, Bowling, Fitness, Hundedusche und Agility-Parcours für Hunde*

EINLADUNG ZUM BADEN

Der Lago di Caldonazzo ist stellenweise 47 m tief

Wasserspaß süß und salzig
Von Trient nach Lido di Jesolo

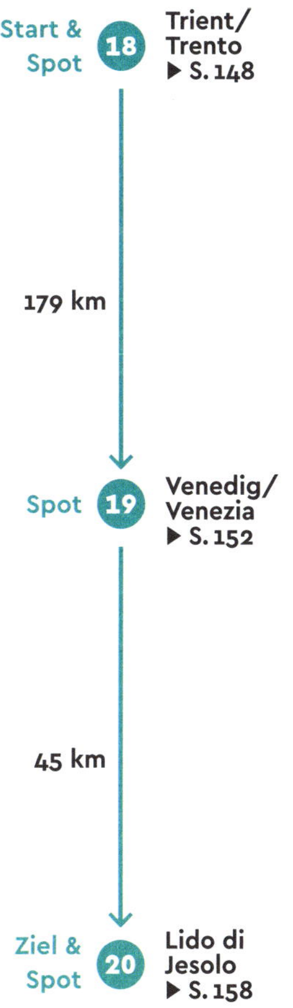

Wasser ist das bestimmende Element dieser Tour, auch wenn sie zunächst noch durch die Berge führt. Aber von Trient im Etschtal aus geht es gleich ab ins Suganertal, wo Caldonazzo- und Levicosee die Brenta speisen. Ihr folgst du durch die Valsugana bis Bassano del Grappa in die norditalienische Tiefebene, wo überall schon der Einfluss Venedigs zu spüren ist. La Serenissima selbst, die wundervolle Wasserstadt, lässt du dir natürlich nicht entgehen, bevor du in Lido di Jesolo am Adriastrand ausgiebig Sommerbadefreuden genießt.

Strecke 224 km

Reine Fahrzeit 3 Std.

Streckenprofil Staats- und Provinzstraßen, oft zu Schnellstraßen oder Superstradas ausgebaut, auf dem flachen Land abschnittsweise auch mit nur einer Fahrbahn. Überall meist dichter Verkehr

Empfohlene Dauer 5 Tage

Anschlusstouren
D F

Tour E im Überblick

Tour-Highlights
Schwimmen, Schnorcheln, Stand-up-Paddeln auf dem Lago di Caldonazzo ▶ S. 141
In Valstagna einen Museums-marathon hinlegen ▶ S. 144
Tiramisu essen an einem der Kanäle von Treviso ▶ S. 146
Inselhoppoing in Venedig ▶ S. 154
In Lido di Jesolo „Sand Art" schaf-fen und bewundern ▶ S. 159
Agordo
Longarone
rco Nazionale delle
Dolomiti Bellunesi
Belluno
Sedico
Lago di Santa Croce
Vittorio Veneto
Sacile
Fontanafredda
PORDENONE
Miane
Pieve di Soligo
aldobbiadene
Conegliano
Fiume Veneto
Azzano Decimo
Nervesa della Battaglia
Montebelluna
Maser
Spresiano
Oderzo
Motta di Livenza
Portogruaro
Villorba
Musano
Trevignano
Ponte di Piave
Ponzano
San Stino di Livenza
Vedelago
astelfranco
Paese
Treviso
Dosson
Casale sul Sile
Noventa di Piave
San Donà di Piave
Piombino Dese
Trebaseleghe
Scorzè
Mogliano Veneto
Eraclea
Marcon
Noale
Martellago
Jesolo
Salzano
Spinea
Mestre
Mirano
Marghera
20
Venedig/Venezia
Seite 152
19
Laguna di Venezia
Ca' Savio
Punta Sabbioni
Lido
Mar Adriatico
Lido di Jesolo
Seite 158

Tourenverlauf

Start & Spot 18

Trient/Trento
Südlichste Alpenstadt mit bewegter Geschichte ▶ **S. 148**

11 km

Von der Brennerautobahn oder der nördlich von Trento parallel verlaufenden SP235 bringt dich die SS47 direkt ins Suganertal. Wenn du von Trient aus startest, fungieren Via Venezia und Via Valsugana als Zubringer zur SS47, in die du oben am Rand des **Etschtals** einmündest. Eigentlich wäre es ein Vergnügen, auf der meist vierspurig ausgebauten Staatsstraße in weiten Bögen durch die **Prealpi Vicentine**, die bewaldeten Südausläufer der Alpen zu cruisen, wäre da nicht der meist erhebliche (Lastwagen-)Verkehr. Erweiterungsarbeiten der Superstrada Valsugana sind zwar im Gange, werden aber noch einige Zeit andauern. Wer am Steuer sitzt, kommt so leider kaum dazu, die Landschaft zu genießen. Gelegenheit, das zu ändern, hättest du, sobald die Gewächshäuser von Pergine/Fersen in den Blick kommen. Hier treten die Berge schon merklich zurück und machen Platz für das recht breite Suganertal.

Fersen im Suganertal/Pergine Valsugana

Markenzeichen und Raison d'etre der Kleinstadt ist **Castel Pergine** (*Mitte April–Okt. | Via al Castello 10 | castelpergine.it*) auf dem grünen Tegazzo-Hügel im Osten von Pergine. Die mittelalterliche Burg beherbergt heute im Herrenhaus ein Schlosshotel, eines der Wirtschaftsgebäude dient immer wieder als stimmungsvolle Kulisse für Kulturevents (Locanda Ca'Stella). Die Herren von Tirol erbauten sie aber, um den Eingang zum hier beginnenden stillen **Fersental** zu bewachen, das vor Ort als **Val dei Mocheni** ausgeschildert ist. Das ist übrigens auch für sich einen Ausflug wert, wegen seiner landschaftlichen Schönheit und weil bekanntermaßen die aromatischsten Erd-, Heidel- und Himbeeren weit und breit aus der Gegend um den Hauptort **Sant'Orsola Terme** stammen.

P *Parcheggio Castel Pergine | Via al Castello (östl. Ortsrand) | Pergine Valsugana | GPS 46.05780, 11.24710; Parcheggio Garibaldi P1 | Piazza Garibaldi (zentral, beim Rathaus) | Pergine Valsugana | GPS 46.06224, 11.23843*

7 km

Zurück auf der SS47 sind es nur noch wenige Kilometer zum malerisch schönen Caldonazzosee. Die Ausfahrt zu seinem dörflichen Zentrum

Calceranica am Westufer ist ausgeschildert, kurz nachdem die SS47 wieder einspurig wird.

Calceranica al Lago

Ein nettes Dorf, auf dem Gemeindegebiet finden sich prähistorische und römische Siedlungsspuren, zwei Kirchen und auch abwechslungsreiche Wander- und Bikegebiete in den Vizentiner Alpen um die Gipfel von Marzola und Vigolana. Vor allem aber liegt Calceranica ein wenig am Hang an einem wundervollen Badesee.

Lago di Caldonazzo
Der See eignet sich bestens für fast jeden Wassersport. Segler und Surfer lieben die Fallwinde von den Bergen ringsum, die Stand-up-Paddler bleiben meist lieber in Ufernähe. Ebenso übrigens die Schwimmer, denn bei bis zu 47 m Tiefe ist das Seewasser stellenweise auch im Hochsommer sehr frisch. Konkurrenz und Platznot jedenfalls muss beim Sporteln niemand fürchten, immerhin ist der 4,2 km lange und fast 2 km breite Caldonazzo- nach dem Gardasee das zweitgrößte Gewässer der Region. Diese urlaubsfreundliche Kombination nutzen an seinem Südufer mehrere kleinere ruhige Campingplätze (▶ Spot 18 Trient S. 151). Als Auftakt für deine Tour ist der See ideal, denn gemeinsam mit seinem kleineren Pendant, dem Lago di Levico nördlich der SS47 bei Levico/

RUNDUMMAUERT

Der Mauerring von Castel Pergine mit Wachtürmen ist vollständig erhalten

PETRI HEIL

Am Campingplatz Penisola Verde kann man schön Felchen, Barsch und Seeforelle angeln, Angelkarten gibt es auch direkt auf dem Campingplatz

Löweneck, bringt er die Brenta auf den Weg, den Fluss, der dich bei der Weiterfahrt bis ins norditalienische Tiefland begleitet.

P *Parcheggio P2-P7 | Via Lungo Lago | Calceranica al Lago | GPS 46.00465, 11.24733 – 46.00244, 11.25434*

Camping Penisola Verde
Gemütlicher kleiner Platz direkt im Ort und am Wasser mit dem womöglich schönsten Seepanorama überhaupt. Zwei Badestege am Kiesstrand, Angeln in Bach und See, quasi direkt vor der Campertür.

i *Via Penisola Verde 5 | Calceranica al Lago | Tel. 0461 723272 | penisolaverde.it | GPS 46.00590, 11.24705 | 114 Parzellen, 60–90 m² (4–6 Ampere)*

12 km Buchstäblich einen Abstecher in die Geschichte machst du, wenn du auf der SP133 weiterfährst. Das ist nämlich die alte **Kaiserjägerstraße**, die **Strada del Manador**, die österreichische Pioniere zur Nachschubversorgung im Kriegsfall 1911 abenteuerlich an und in den Hang der Monta Pegolara bauten. In weitem Bogen verbindet sie Calceranica über die SP133dir durch die hier weite Valsugana mit Levico Terme. Auf diesem Abschnitt bleibst du größtenteils in der Ebene.

Vollkommener Blick über Berge und Seen vom Punto Panoramico am Hauptarm der SP133, große Womos müssen leider unten bleiben (4 km ab Abzweig SP133dir | GPS 45.97616, 11.29009).

Levico Terme

Das beschauliche Kurstädtchen hat unter dem Namen Löweneck eine österreichische Vergangenheit, was du an der Hotelarchitektur im historischen Kurbezirk noch gut siehst. Hier kannst du es halten wie einst Kaiserin Sisi und ein hautfreundliches Bad im arsen- und eisenhaltigen Heilwasser genießen. Außerhalb der Kurhotels geht das in den zentralen **Terme di Levico** (*Anf. Mai–Anf. Dez. Mo–Sa 6.50–13.50, Juni–Mitte Nov. zusätzl. 16–18, Dez./Jan. tgl. 10/13–19 Uhr, nur mit Termin | Viale Vittorio Emanuele 10 | Tel. 0461 70 60 77 | termedilevico.it*), wo überdies Massagen, Inhalationen, Schlammbäder und ähnliche Wellness-Angebote zur Auswahl stehen. Es soll aber auch Leute geben, die einen Sprung in den frischen Badesee **Lago di Levico** vorziehen, der quasi nebenan ebenfalls zur Verfügung steht. (Näheres zum Campingplatz Lago Levico Camping Village am Seeufer findest du beim Spot Trient ▶ S. 151.)

P *Parcheggio Libero | Piazza Carlo Alberto Dalla Chiesa | Levico Terme | GPS 46.01157, 11.29851*

16 km Über die SP228 und den Nachbarort Selva erreichst du erneut die nun wieder zweispurige SS47, deine Straße durch das ganze Suganertal und noch ein Stückchen darüber hinaus. Eine weitere Dauerbegleiterin ist ab jetzt die **Brenta**, die nun mal rechts, mal links immer mitfließt. Dritte im Bunde der parallelen Verkehrswege ist die Eisenbahn, die hier auf der Strecke Trient – Venedig dem Lauf der früheren Valsuganabahn folgt und immer mal wieder zu sehen ist. Kaum hast du Zeit, sie alle in dem wieder enger werdenden Tal wahrzunehmen, da ist auch schon Burg erreicht.

Burg im Suganertal/Borgo Valsugana

An der alten Römerstraße Via Claudia Augusta Altinate liegt Borgo an einer strategisch günstigen Engstelle des Tals. Die bewachte früher **Castel Telvana** über der Stadt, das zwar mit seinem schlanken Viereckturm von Weitem zu sehen, aber nicht zu besichtigen ist. Bummle stattdessen im überschaubaren Centro storico, dem historischen Stadtkern von Burg mit seinen Gässchen und alpenüblichen Laubengängen auf beiden Seiten des Flusses Brenta.

ArteNatura-Kunstpfad
Eine gelungene Symbiose von Natur und Kunst bietet der ArteNatura-Kunstpfad im waldreichen Val di Sella (SP40) südwestlich von Borgo, auch wenn Wald und Kunstwerke 2018 schwere Sturmschäden erlitten. Vor Ort sind die drei gangbaren Wege ausgeschildert: über die Malga-Costa-Alm mit Cattedrale vegetale, der „Lebenden Kirche" von Giuliano Mauri (*8 €, Kinder 11–16 J. 4 €, bis 10 J. frei*), der Montura-Weg und die Gartenroute der Villa Strobele.

Insider-Tipp

ArteNatura mitten in der Stadt

Im SkyMuseum verwandelt Stuart Ian Frost eine sturmgefällte Eiche in ein Memento (Mo–Fr 7.30–16.10 Uhr | Eintritt frei | Schulgarten des Istituto A. Degasperi | Via XXIV Maggio 7 | Borgo).

39 km Abwechselnd zwei- und vierspurig führt die SS47 weiter durch die Vizentiner Alpen und überquert bei Km 73 die Provinzgrenze vom Trentino ins **Veneto**. Formal endet damit das Valsugana und der **Canale di Brenta** beginnt, der südöstliche Talabschnitt. Landschaftlich ändert das natürlich erst einmal nichts. Im Gegenteil, es bleibt bergig und wird sogar noch enger und schroffer, ehe du Valstagna erreichst, einen vormals eigenständigen Ortsteil der erst 2019 neu zusammengefassten Gemeinde Valbrenta.

Valstagna

Ganz nah rücken die Berge hier an die Brenta heran, für die Häuser von Valstagna bleibt beidseits des Flusses nur wenig Raum. Wassersportler kennen das langgezogene Dorf, weil hier in der Brenta eine **Kanu- und Kajakstrecke** angelegt ist, die es je nach Wasserstand ganz schön in sich hat. Wenn du statt Wasser Erde und Luft bevorzugst, wird dir die **Calà del Sasso** gefallen, die von Valstagna aus zu den Sieben Gemeinden auf die Hochebene von Asiago führt. Ihre sagenhaften 4444 Stufen machen sie zu einer der längsten Außentreppen Europas.

Grotte di Oliero und Museen
Last but not least geht es in Valstagna auch unterirdisch, nämlich mit dem Boot, in die kleine, feine Karsthöhle **Grotte di Oliero** (*Mai–Okt., mit Anmeldung | 10 €, Kinder 5–12 J. 8 €, bis 4 J. frei | Via Oliero di Sotto 85 | grottedioliero.it*). Das Ticket ist ein echtes Schnäppchen, denn es

beinhaltet auch mehrere Museumseintritte (*museialtovicentino.it*): gleich nebenan in das **Museo di Speleologia e Carsismo** (*März–Sept. Di–So 9–18 Uhr*) für Höhlenforschung und Karst, in das Papiermuseum **Museo delle Cartiere** (*März–Sept. tgl. 9–12 Uhr*) sowie in das 2021 neu eröffnete völkerkundliche **Museo Etnografico Canal di Brenta** (*So/Fei 10–12 u. 14–18 Uhr | Riviera Garibaldi 27*) im Palazzo Perli an der Brenta.

P *Parcheggio | Riviera Garibaldi/Via Roma | Valstagna | GPS 45.86008, 11.65841*

15 km Obwohl du nun schon einige Zeit nach Süden fährst, wollen die Berge nicht so recht weichen. In den Industrievororten von Bassano del Grappa haben sie sich zumindest schon zu grünen Hügeln reduziert, die Stadt selbst markiert den Übergang zur Oberitalienischen Tiefebene.

Bassano del Grappa

Kunsthistorisch wird in Bassano immer die **Ponte degli Alpini** hervorgehoben, die gedeckte Holzbrücke über die Brenta nach Plänen des Renaissance-Architekten Andrea Palladio. Andererseits denken die meisten Besucher bei dem Stadtnamen ja eher an Hochprozentiges. Dabei ist Bassano del Grappa gar nicht nach dem Tresterbrand benannt, sondern nach dem nahen Monte Grappa, dem „niedrigen Berg". Passenderweise ist das **Poli Museo della Grappa** nur wenige Meter von der Alpini-Brücke entfernt. Es ist kein klassisches Museum, sondern eine kleine, informative Ausstellung zur Geschichte des aromatischen Schnapses, kombiniert mit einem gut sortierten Verkaufsraum (*Mo–Sa 9–13 u. 14.30–19 Uhr | Via Gamba 6 | Eintritt frei*).

P *Parccheggio Le Piazze | Viale delle Fosse 41 | Bassano del Grappa | GPS 45.76732, 11.73992*

26 km Nun ist es leider Zeit, die Brenta und auch die SS47 zu verlassen, denn die kürzeste Verbindung zwischen Bassano del Grappa und dem östlich gelegenen Montebelluna ist die SP248. Meist bist du auf ihr über Land auch schneller als auf der SPV (Superstrada Pedemontana Veneta), die einen größeren Bogen ausfährt.

Montebelluna

Noch nie von Montebelluna gehört? Trotzdem besitzt du wahrscheinlich einige Dinge aus der Stadt, denn Montebelluna gilt als „Schuh-Hauptstadt Venetiens", hier haben zahlreiche namhafte Produzenten ihren Sitz und/oder ihre Fertigung. Kann also gut sein, dass hier die Geburtsstätte deiner Straßen- und Bergschuhe, deiner Lauf-, Ski-, Schlitt- oder Rollschuhe von Dynafit, Fila, Fischer, Geox, Lange, Nordica, Roces oder Salomon ist. Falls du noch Platz im Schrank hast, lohnt sich auf jeden Fall ein Bummel durch die hiesigen Schuhgeschäfte.

Außergewöhnliche Modelle zu günstigen Preisen findest du im Geox-Werksverkauf (Mo–Sa 9–12.30 u. 15.30–19.30 Uhr | Via Corso Mazzini 73/Ecke Via Roma 1 | Montebelluna | geox.com).

P *Parccheggio | Piazza Monsignor Furlan | Montebelluna | GPS 45.77459, 12.03926*

22 km Fast schnurgerade fährst du nun weiter auf der SP100. Durch Weinberge, Gemüsefelder, Industriegebiete und Dörfer bringt dich die schmale Landstraße geradewegs nach Treviso.

Treviso

In mancher Hinsicht ähnelt die Altstadt der Provinzhauptstadt sehr ihrer großen Schwester Venedig. Auch hier findest du auffällig viele, allerdings breitere Kanäle, Brücken, schattige Gassen, Laubengänge, nette Cafés auf lauschigen Plätzen, beeindruckende Palazzi und bedeutende Kirchen. Alles auf kleinerem Raum natürlich, dafür mit lokalen Besonderheiten wie Wasserrädern und einer erhaltenen Stadtmauer. Selbst kulinarisch muss sich Treviso keinesfalls verstecken: Die Spezialität der Stadt an der Sile ist ihr sagenhaftes **Tiramisu.**

P *Parccheggio | Piazza Duomo | Treviso | GPS 45.66627, 12.24231*

31 km Je weiter du auf der SS13 von Treviso nach Süden fährst, desto dichter werden Bebauung und Verkehr, denn hier fährst du bereits mitten durch die Metropolregion **Venezia**. Die Stadt selbst hast du erreicht, wenn das Ortsschild „Mestre" anzeigt, den Festlandsteil von Venedig. Gleich am ersten Kreisverkehr danach nimmst du die dritte Ausfahrt und folgst dem Schild „Venezia 15" auf die SR 14. Die bringt dich problemlos erst zur SS14, dann zur SR11 und direkt zur Ponte delle Libertà, der Brücke nach Venedig. Spätestens bei der Piazzale Roma sind Autos, Motor- und Fahrräder dann verboten.

Spot 19

Venedig/Venezia
Weltberühmte Lagunenstadt, durchlauchtigste Königin der Adria ▶ **S. 152**

Optionaler Anschluss: Tour D

45 km Wie rein, so raus: SR11 und diesmal auf der SS14 bleiben, die am Marco-Polo-Flughafen von Venedig vorbei östlich um die Lagune herumführt. Bei Portegrandi wechselst du auf die SP43, die bei Camposile scharf rechts abbiegt. Alles entspannt, bis du in Lido di Jesolo die hellsandigen Adriastrände und das blaue Meer schimmern siehst.

Ziel & Spot 20

Lido di Jesolo
Familienfreundliches Strandbad an der nördlichen Adria ▶ **S. 158**

Optionaler Anschluss: Tour F

AUF WASSERWEGEN

Wegen seiner vielen Kanäle trägt Treviso den Beinamen „Città dell'acqua" („Wasserstadt")

Trient/Trento

Südlichste Alpenstadt mit bewegter Geschichte

Doch, wirklich, Trient, die einstige fürstbischöfliche Residenz im unteren Etschtal, war früher mal bayerische Kreishauptstadt. Aber das ist rund 200 Jahre her und nach einem weiteren, diesmal österreichischen Zwischenspiel lebt das italienische Trento heute sehr gut als *Capoluogo* (Hauptstadt) der Provinz Trentino. Ein Bummel durch die Altstadt ist wie ein Gang durch die Geschichte. Kirchen, Türme, Paläste und Museen, Brunnen und Denkmäler findest du hier, romanisch, gotisch, barock und im Renaissance-Stil, sogar die kühn-kühle Moderne hat ihren Platz.

P *Parcheggio Castello del Buonconsiglio | Via Bernardo Clesio 24 | Trento | GPS 46.07115, 11.12628; Parcheggio Sanseverino – P7 | Via Roberto da Sanseverino | Trento | comune.trento.it | GPS 46.06558, 11.11409*

WUNDER DER ERDE

Das MUSE in Trient präsentiert Naturwissenschaft modern und anschaulich

AKTIVITÄTEN & SIGHTSEEING

1 Treppen stürmen im Castello del Buonconsiglio

Mittelalter-Burg, Renaissanceschloss, einst fürstbischöfliche Residenz, Kunstgalerie, Aussichtspunkt und obendrein mitten in der Stadt: Das Castello ist ein Phänomen. Die Anlage mit all ihren Sälen, Türmen, Höfen, Rondellen und Kunstwerken ist sowieso einen Besuch wert. Ganz besonders aber die Torre Aquila, der Adlerturm, mit den exquisiten Fresken, und der zentrale Bergfried mit Blick über Trient. ***Infos:*** *Mai–Okt. Di–So 10–18, sonst 9.30/10–17 Uhr | 10 €, Kinder bis 14 J. frei, Torre Aquila 2,50 € extra | Via Bernardo Clesio 5 | Trento | buonconsiglio.it*

Insider-Tipp
Das Jahr im Mittelalter

Die Monatsbilder im Torre Aquila zeigen Szenen eines Jahres. Rate, zu welchen Monaten z. B. Aussaat, Liebelei oder Weinlese gehören. Der März fehlt, er fiel einem Brand zum Opfer.

2 In der Cattedrale di San Vigilio das Rad bestaunen

Dass in der Basilica minor die Resultate des Konzils von Trient verkündet wurden und zuvor, bereits 1508, Maximilian I. hier die Kaiserkrone empfing – aus heutiger Sicht geschenkt. Beeindruckender sind da schon die Säulen der dreischiffigen Kathedrale und ihr zwölfspeichiges „Glücksrad", die filigrane Rosette an der Nordfassade zum Domplatz hin. ***Infos:*** *Tgl. 6.30–12 u. 14.30–20 Uhr | Eintritt frei | Piazza del Duomo | Trento | cattedralesanvigilio.it*

3 Mit der Funivia Sardagna den Überblick behalten

ÖPNV mal anders: Die Pendel-Seilbahn ins Dorf Sardagna auf dem Monte Baldone überwindet die 400 Höhenmeter in vier Minuten. Oben erwartet dich ein Traumblick über Stadt und Umland. ***Infos:*** *Mo–Sa 7.25–22.50, So 11.30–20.10 Uhr | 3 € einfach | Talstation Lungadige Monte Grappe (Ponte San Lorenzo) | trentinotrasporti.it*

4 Durch den Wasserfall der Orrido di Ponte Alto blicken

Manchmal zaubert das Sonnenlicht Regenbogen in den Sprühnebel der zwei Wasserfälle, die 40 m in die rotfelsige

REGENTAG – UND NUN?

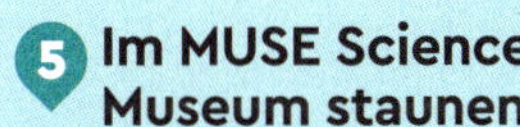

5 Im MUSE Science Museum staunen

DNA und Dinosaurier, Eulenflug und Wärmebildkamera: Staune über die Wunder der Natur und der Naturwissenschaften in dem modernen Museum am Ufer der Etsch. Die Hands-on-Stationen wecken den Forscher/die Forscherin in dir und den Kindern, die aussichtsreiche Dachterrasse ist ein Spitzen-Extra. ***Infos:*** *Tgl. 10–18/19 Uhr | 11 €, Kinder frei | Corso del Lavoro della Scienza 3 | Trento | muse.it*

Schlucht stürzen. Dafür ist das Flüsschen Fersina zuständig, Menschen trugen vor mehr als 500 Jahren mit einem Hochwasser-Sperrwerk ihren Teil bei. ***Infos:*** *Mind. Sa/So 10–18 Uhr | 6 €, Kinder 6–12 J. 4 €, bis 5 J. frei | Via alla Cascata/Via Valsugana (rechts neben Ristorante La Gnoccata) | Trento | ecoargentario.it | nur mit Führung, 45 Min., mit Stufen, nicht bei Höhen- oder Platzangst*

ESSEN & TRINKEN

6 Il Cappello

Silvia und Michele schaffen mit ihrer Osteria gleich dreierlei: Romantische Abendessen im historischen Tonnengewölbe, sehr gute italienische Küche im „normalen" Restaurant oben und im Sommer genießt du Essen und Abendstimmung an den Freiluft-Tischen vorm Haus. ***Infos:*** *Di–Sa 19.30–22 Uhr | Piazzetta Bruno Lunelli 5 (Fußgängerzone) | Trento| Tel. 0461 23 58 50 | osteriailcappello.it | €€*

7 Villa Madruzzo

Feines Hotelrestaurant in mehr als einer Hinsicht. Das Ambiente ist seriös, aber nicht steif, Essen und Wein (beide mit regionalem Schwerpunkt) sind ihren Preis wert. Gute Wahl für ein gepflegtes Mittagessen auf dem Weg oder einen schönen Abend. ***Infos:*** *Tgl. 12–15 u. 19–23 Uhr | Via Ponte Alto 28 | Cognola (5 km östl. v. Trento) | Tel. 0461 98 62 21 | villamadruzzo.com | €€–€€€*

EINKAUFEN

8 Nove Alfieri

Schicke tragbare Designermode für Frauen. Einfach mal reinschauen und sich überraschen lassen. ***Infos:*** *Mo–Sa 9.30–12.30, Di–Sa 15.30–19 Uhr | Via Vit-*

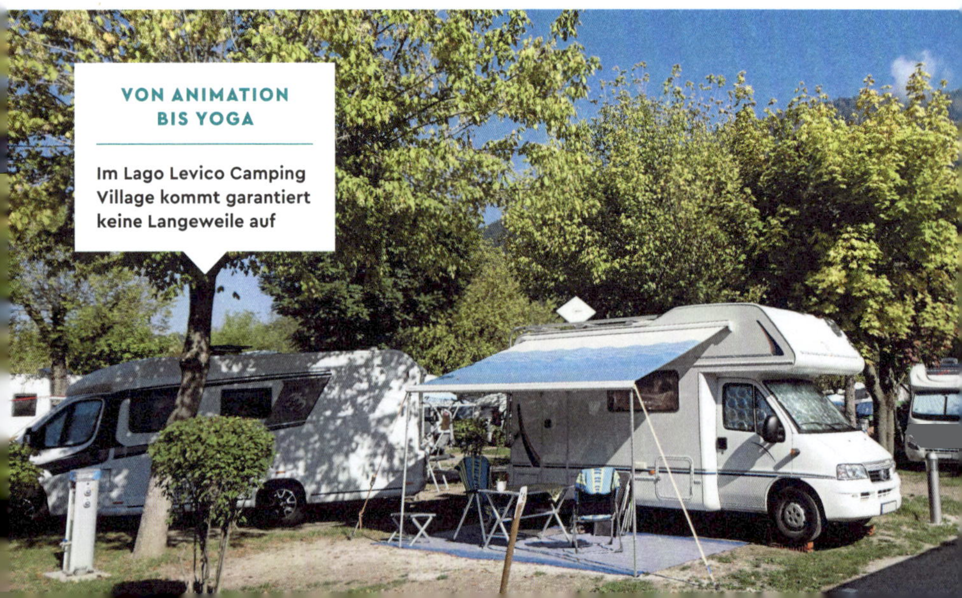

VON ANIMATION BIS YOGA

Im Lago Levico Camping Village kommt garantiert keine Langeweile auf

torio Alfieri 9 (schräg gegenüber der Touristeninformation am Giardini Pubblici) | Trento | Facebook: Nove Alfieri

9 Navarini Rame

Wage den Sprung über die Etsch und sieh, wie am westlichen Ufer die Handwerker der lokalen Kupferausstellung deinen höchsteigenen Kupfertopf hämmern, übrigens auch für Induktionsherde geeignet. Und viel anderes Schönes aus dem wärmeleitenden Halbedelmetall. ***Infos:*** *Tgl. 8.30–12.30 u. 14–19 Uhr | Via Val Gola 22 | Trento | navarinirame.com*

STELL- & CAMPINGPLÄTZE

10 Gepflegte Stellplätze am südlichen Stadtrand

Große Stellplätze (videoüberwacht). In 15 Min. bist du zu Fuß in der Altstadt, schneller mit Bus Nr. 4. Die Abenddämmerung ist allerdings die Stunde der Stechmücken, das liegt an der Nähe zur Etsch. Reservierung nicht möglich.

Area Sosta Camper Via Fersina

€ | Via Fersina (A22 Ausfahrt Trento sud) | Trento | trentinomobilita.it | GPS: 46.04870, 11.12084

▶ **Größe:** *35 Stellplätze*
▶ **Ausstattung:** *Wasser, Abwasser, Strom, WC, Duschen*

11 Camping-Dorf an Badesee und Biotop

Wassersport am Lago di Levico, Beachvolleyball, Yoga, Meditation, Wander- und Radtouren oder Klettern in den Voralpen, dazu die Angebote des früheren K.-u.-k-Kurorts Levico/Löweneck mit Frei- und Hallenbad, Golf, Thermalzentrum und Kurpark. Für Kinder gibt es einen Abenteuerspielplatz und Animation.

Lago Levico Camping Village

€€–€€€ | Via Pleina 1 | Levico Terme (19 km südöstl. v. Trient) | Tel. 0461 70 64 91 | campinglevico.com | GPS: 46.00712, 11.28695

▶ **Größe:** *399 Parzellen, 70–120 m² (CEE 6-10 Ampere), 20 Mietzelte*
▶ **Ausstattung:** *Brötchenservice, kleiner Shop, Imbiss, Restaurant, Pool, E-Bike- und Radverleih, Agility-Parcours für Hunde*

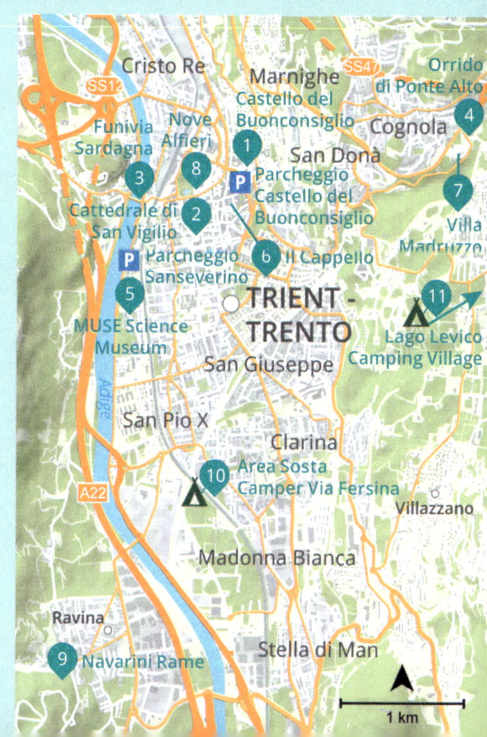

Venedig/Venezia

Weltberühmte Lagunenstadt, durchlauchtigste Königin der Adria

Du willst sie alle sehen, die weltberühmten Paläste, Kirchen, Museen, Brücken und Kanäle im Zeichen des geflügelten Löwen? Eine Mammutaufgabe, sogar wenn du dich zunächst auf die Sestieri beschränkst, die historischen Stadtsechstel im Centro storico an und um Canal Grande und Canal de la Zueca. Und ein Dilemma, denn andere Seiten von La Serenissima sind ebenso sehenswert: die Gassen und Plätze, Fischmarkt, Hafen, Lido ... Genau das ist deine Chance, streife am besten mit offenen Augen durch die schillernde Wasserstadt, in der jeder Weg eine Entdeckungsreise ist.

P *Parcheggio VTP (Parkhaus am Kreuzfahrtterminal) | Isola Nova del Tronchetto 14 (Richtung Porto Marittimo) | Venezia | vtp.it | GPS 45.43941, 12.31218 | Parkticket frühzeitig reservieren*

O CANALE MIO

Der Canal Grande nahe seiner Einmündung in das Bacino di San Marco, das „Becken" vor dem Markusplatz

AKTIVITÄTEN & SIGHTSEEING

1 Wasserbus-Sightseeing auf dem Canal Grande

Unmöglich, in nur einigen Tagen alle 38 km Kanäle und Rii, die kleinen Wasserwege von Venedig, kennenzulernen. Du kannst aber schon mal beginnen, indem du ein Vaporetto der Linie 1 oder 2 auf dem Canal Grande nimmst. Vom Bahnhof bis zum Markusplatz passierst du dabei u. a. San Simeone Piccolo, Scalzi-Brücke, Ca' d'Oro, Rialto-Brücke, Palazzo Venier, Santa Maria della Salute und viele Highlights mehr. ***Infos:*** *ACTV einfache Fahrt 7,50 €, gilt 75 Min., Kinder bis 6 J. frei | actv.avmspa.it*

Insider-Tipp **Alles auf eine Karte** *Tourist Travelcard/ Biglietto Turistico a Tempo z. B. 48 Std. ÖPNV (Vaporetti, Busse) für 30 € (actv.avmspa.it); Venezia Unica City Pass zusätzlich mit Museen- und Kircheneintritten (venezia unica.it)*

2 Von Campanile di San Marco Venedig überblicken

Der ziegelrote, kantig-schlanke Campanile ist das Wahrzeichen von Venedig. Von fast überall in der Stadt siehst du den rund 98 m hohen Glockenturm von San Marco. Ohnegleichen ist der Ausblick, den du von seinem Glockengeschoss aus (Lift) über Dächer, Kuppeln, Kanäle und Lagune hast. ***Infos:*** *Tgl. 9.30–17.15 Uhr | 10 €, Kinder bis 6 J. frei | Piazza San Marco | Venezia | basilicasanmarco.it*

3 In der Basilica di San Marco schwelgen

Mit fünf Rundportalen, Säulen, Skulpturen, Türmchen, Kuppeln, Fresken und Mosaiken sieht der **Markusdom** wie ein orientalischer Fantasie-Palast aus. Im gewaltigen Innenraum setzt sich der Überschwang fort: feinste Marmor- und Glasmosaike sowie Gold, wohin man schaut – ein mehr als kostbarer Rahmen für die letzte Ruhestätte der Gebeine des Stadtheiligen Sankt Markus. ***Infos:*** *Mo–Sa 9.30–17.15, So 14–17.15 Uhr | 3 €, Kinder bis 6 J. frei | San Marco 328 | Venezia | basilicasanmarco.it*

4 Auf der Punta della Dogana diverser Kunst Tribut zollen

Nur ein Vaporettosprung ist es vom Markusplatz zur Landzunge Punta della Dogana da Mar schräg gegenüber. Hier bewahrt die **Sakristei der barocken Kuppelbasilika Santa Maria della Salute** zwölf Gemälde von Tizian auf. Im Museum **Dogana da Mar,** das sich gleich nebenan im alten Wasser-Zollamt der Stadt befindet, gibt es als Kontrast moderne Kunst. ***Infos:*** *Sakristei Santa Maria della Salute: Mo–Sa 10–12, tgl. 15–17 Uhr | 4 €, Kinder bis 10 J. frei | Campo della Salute | basilicasalute venezia.it; Dogana de Mar: Mi–Mo 10–19 Uhr | 15 €, Kinder frei | Dorsoduro 2 | Venezia | palazzograssi.it*

5 Auf der Rialto-Brücke ins Gewimmel eintauchen

Im Sommer musst du deinen Platz an der Kalkstein-Balustrade der durch Souvenirstände zweigeteilten **Ponte di Rialto** so lange gegen die anflutenden Menschenmassen verteidigen, bis du einen Blick auf den vorbeifließenden und in seinem gesamten Lauf von malerischen Gebäudereihen flankierten Canal Grande erhascht hast. Ein Anblick, der den Aufwand lohnt. ***Infos:*** *Canal Grande (zw. Riva del Vin und Riva del Ferro) | Venezia*

6 In der Peggy Guggenheim Collection Kunst bewundern

Dalì, Picasso, Arp, Klee, Pollock, Brancusi, Abbott und viele Künstler mehr – Peggy Guggenheim kannte sie alle und sammelte sie alle. Das Ergebnis siehst du in ihrem Palazzo Venier dei Leoni. ***Infos:*** *Mi–Mo 10–18 Uhr | 15 €, Kinder 10–18 J. 9 €, bis 9 J. frei | Rio di Toresele/Canal Grande (Dorsoduro 701) | Venezia | guggenheim-venice.it*

7 Im Teatro La Fenice große Oper erleben

Eine Theaterführung lohnt sich ebenso sehr wie ein Konzert oder eine Oper. Das Haus wurde nach einem Brand originalgetreu wiederaufgebaut, die Akustik ist nun sogar noch besser. ***Infos:*** *Tickets tgl. 10–17 Uhr, Besichtigung meist 9.30–18 Uhr | Führung 20 €, Kinder 6–12 J. 14 € | Campo San Fanti (San Marco 1965) | Venezia | teatrolafenice.it*

8 In die Gondelschule gehen

Lerne Voga alla veneta, das typisch venezianische Rudern im Stehen, und schippere – fachkundig von **Row Venice** geführt und ohne anzuecken – selbst durch die Rii und Canali der Stadt. ***Infos:*** *April–Okt. 8.30/10–16/17.30 Uhr, Evening Grand Canal Row April–Okt. 20, Nov.–März 17.30 Uhr | z. B. Batellina 90 Min. 1–2 Pers. 85 €, Batela bis 5 Pers. 200 € | Treffpunkt: Ponte de la Sacca (Brücke zur Marina Sacca Misericordia) | Fondamento Gasparo Contarini (Cannaregio) | Venezia | rowvenice.org*

9 In der Laguna von Insel zu Insel hüpfen

Finde deinen Insel-Liebling in der **Laguna di Venezia:** die altstadtnahe Giudecca, der sommerfrische Lido di Venezia, das bonbonbunte Fischeridyll Burano, die Glasbläser-Inseln von Murano, die parkgrüne La Certosa, die Gemüseinsel

REGENTAG – UND NUN?

10 Den Dogenpalast erkunden

Die Dogen-Wohnung im **Palazzo Ducale** ist erstaunlich klein. Ein anderes Kaliber ist da schon die gewaltige Sala del Maggior Consiglio, wo der Große Rat unter Tintorettos raumfüllendem „Paradies" tagte. Ganze Fluchten mit Rats-, Versammlungs-, Fest- und Wartesälen folgen. ***Infos:*** *Mo–Do 10–18, Fr–So 10–23 Uhr | 25 € (inkl. 3 weiterer Museen), Kinder 6–14 J. 13 €, bis 5 J. frei | Geheimwege im Dogenpalast 28 €, 6–14 J. 15 € | Piazza San Marco 52 | Venezia | palazzoducale.visitmuve.it*

Sant'Erasmo ... Venedig zählt 123 Inseln, da musst du dich ranhalten! ***Infos:*** *Tourist Travel Card* ▶ *S. 153*

ESSEN & TRINKEN

11 Cantine del vino già Schiavi

Cichetti, die „venezianischen Tapas", sind ein köstliches Muss! Dazu gehört mindestens ein Schlückchen italienischer (Weiß-)Wein. ***Infos:*** *Meist Mo–Sa 8.30–20.30 Uhr | Ponte San Trovaso, Accademia (Dorsoduro 992) | Fondamente Nani | Venezia | Tel. 0415 230034 | cantinaschiavi.com | €€*

12 Al Nono Risorto

Uriges, gutes und daher auch viel besuchtes Speiselokal, lohnt sich aber, sowohl wegen vorzüglicher Pizza, Pasta & Co. als auch wegen des gartengrünen Hinterhofs. ***Infos:*** *Tgl. 12–15 u. 18–22.30, Juni–Aug. tgl. 12–23 Uhr | Sotoportego de Siora Bettina (Santa Croce 2338) | Venezia | Tel. 0415 241169 | alnonorisortovenezia.com | €€*

13 Al Conte Pescaor

Alteingesessenes Restaurant auf dem Weg von Rialto-Brücke zum Markusplatz. Kein Schnäppchen, aber beste venezianische Spezialitäten, bevorzugt (natürlich) Fisch und Meeresfrüchte. ***Infos:*** *Piscina San Zulian/Calle Specchieri (San Marco 544) | Venezia | Tel. 041 2440214 | alcontepescaor.it | €€–€€€*

IN NEUEM GLANZ

La Fenice heißt „Phönix" – und wie Phönix aus der Asche wurde das Opernhaus nach einem Brand wiederaufgebaut

14 Taverna Scalinetto

Lass dich von der dunklen Holztäfelung und der betont maritimen Deko nicht abschrecken, Essen und Wein sind vorzüglich. ***Infos:*** *Mi–Mo 12–22.30 Uhr | Campo Bandiera e Moro (Castello 3803) | Venezia | Tel. 041 520 07 76 | tavernascalinetto.it | €€–€€€*

EINKAUFEN

15 Fondaco dei Tedeschi

Edel-Kaufhaus mit Markenshops in dem weißen Prachtbau an der Rialto Brücke, in dem einst die deutschen Händler ihre Waren lagerten. Ein „Must-Have" ist die Dachterrasse mit dem Traumblick auf Canal Grande, dafür am besten online Timeslot reservieren. ***Infos:*** *Tgl. 10–18.30 Uhr | Calle del Fontego dei Tedeschi | Venezia | dfs.com*

16 Tragicomica

Mit den traditionellen Pappmaschee-Masken und Kostümen der Commedia dell'Arte machst du beim venezianischen Karneval garantiert *bella figura*. ***Infos:*** *Mo–Sa 10–13 u. 14–19 Uhr | Calle dei Nomboli (San Polo 2800) | Venezia | tragicomica.it*

AUSGEHEN

17 Frulalà

Hauptsache bunt: Smoothies, Fruchtdrinks, Sangrias und Cocktails in gut frequentierter Straßenbar zwischen Chiesa di Santa Fosca und Rio di No-

MASKE VOR BLAU

Der Carnevale di Venezia wurde erstmals im Jahr 1094 erwähnt, die Masken kamen erst etwa 200 Jahre später dazu

ale. ***Infos:*** *Meist So–Fr 9–2, So 22–2 Uhr | Salizada Santa Fosca (Cannaregio 2230) | Venezia | Tel. 0338 387 85 37 | frulala.com | €€*

18 Al Parlamento

Lässige Bar, zu den Getränken gibt es hausgemachte Kleinigkeiten zu essen. Das Lokal ist zum Canale di Cannaregio hin offen, ein Plätzchen direkt am Wasser ist aber nur mit Glück zu ergattern. ***Infos:*** *Meist tgl. 7.30–1.30 Uhr | Fondamenta Savorgnan (Cannaregio 511) | Venezia | Tel. 041 244 02 14 | alparlamento.it | €€*

STELL- & CAMPINGPLÄTZE

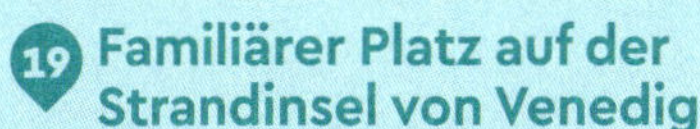

19 Familiärer Platz auf der Strandinsel von Venedig

Einziger Campingplatz auf dem Lido di Venezia, einen Pool braucht es da nicht. Zelt oder Camper stehen unter Bäumen im Grünen. Insgesamt schön, auch wenn die Anlage teils schon etwas in die Jahre gekommen ist. Anfahrt mit Fähre 17 ab Tronchetto Park, an Lido San Nicolò (bis 3,5 t 26 €, über 3,5 t und Gespanne 57 €, Passagiere extra).

Camping San Nicolò 

€€ | Via dei Sanmicheli 14 | Lido di Venezia | Tel. 041 526 74 15 | campingsannicolo.com | GPS: 45.43156, 12.38377

▶ **Größe:** *70 Stell- und Zeltplätze, 12 Mietzelte, 6 Mobilheime*
▶ **Ausstattung:** *Brötchenservice*

20 Komfortabel Campen nahe Strand und Fähranleger

Familiengeführter Platz auf der Nehrung im Osten von Venedig. Stellplätze größtenteils unter Pinien und Pappeln. Für Abwechslung und städtisches Leben bist du vom nahen Terminal Punta Sabbioni (1,5 km, Shuttle kostenlos) mit der Fähre in 30 Minuten am Markusplatz in Venedig. Restaurant nebenan.

Camping Village Miramare 

€€ | Lungomare Dante Alighieri 29 | Cavallino-Treporti | Tel. 041 96 61 50 | miramarevenezia.it | GPS: 45.44051, 12.42228

▶ **Größe:** *130 Parzellen, 65–100 m² (CEE 6-10 Ampere), 10 Mobilheime, 20 Bungalows*
▶ **Ausstattung:** *Brötchenservice, Shop, Pool, Imbiss, Shuttle zum Strand*

Lido di Jesolo

Familienfreundliches Strandbad an der nördlichen Adria

Viel bekannter als der ursprüngliche Ort Jesolo Paeve am Flüsschen Sile ist Lido di Jesolo, die Sommerfrische der Stadt, 2 km weiter an der Adria. Hier ist das Wasser flach, der Sandstrand breit und kilometerlang. Ostwärts kannst du an ihm entlang bis zur Mündung des Piave laufen, westlich legt er sich als sandige Nehrung schützend vor die Lagune von Venedig. Bis zur Punta Sabbioni erstreckt sich hier das größte und vielfältigste Campingareal Europas, ein Platz reiht sich an den nächsten. Sie alle stehen für unbeschwerten Sommer-Sonne-Strandurlaub und Lido di Jesolo ist ganz vorne mit dabei.

P *Parcheggio | Via Nausicaa | Lido di Jesolo | GPS 45.50406,12.62723*

SAG MIR DEINE SCHIRMFARBE

Die Farben zeigen, zu welchem Hotel oder Strandabschnitt die jeweiligen Liegen gehören

AKTIVITÄTEN & SIGHTSEEING

1 Im Aquapark Caribe Bay unter Palmen liegen

Wenn dir am Adriastrand Palmen fehlen, findest du sie hier. Dazu Wellenbad mit weißem Sand aus der Karibik, 42 m-Wasserrutsche, Bungee-Jumping-Turm, Kinderanimation, Kletterwand, Shows ... ***Infos:*** *Ende Mai–Sept. tgl. 10–18 Uhr | 35 €, Kinder bis 1,40 m 31 €, unter 1 m frei | Via Michelangelo Buonarotti 15 | Lido di Jesolo | caribebay.it*

2 Von Sand-Baumeistern lernen

Jesolo ist buchstäblich auf Sand gebaut und lässt regelmäßig aus Sand bauen. Im Sommer kannst du im Freien die vergänglichen Sandskulpturen der **Sculture di Sabbia** bewundern, im Winter die Sandkrippe des **Jesolo Sand Nativity**. ***Infos:*** *Eintritt frei | Scultura di Sabbia: Juni–Sept, Piazza Brescia | Sand Nativity: Dez.–Anf. Feb., Piazza Trieste | Lido di Jesolo | sultansofsand.com*

3 Ab Caorle eine Bootsfahrt unternehmen

Einen sehr schönen Sandstrand besitzt auch Caorle jenseits der Piavemündung. Weitere Abwechslung bietet ein Bootsausflug ins benachbarte **Bibione** mit Halt im Naturschutzgebiet **Vallevecchia.** Die vogel- und orchideenreiche Auenlandschaft ist auf jeden Fall einen Besuch wert. ***Infos:*** *Ende Mai–Anf. Okt. tgl., bis Ende Okt. Sa/So | Vallevecchia Rundfahrt 5 €, Bibione 10 €, Kinder unter 1 m frei | nur mit Reservierung: Tel./WhatsApp 0347 992 29 59 | Abfahrt Caorle (30 km östl. v. Lido di Jesolo): Isola dei Pescatori, Passo Falconera/Strada Palangon | caorle.eu*

4 Von Treporti mit der Fähre nach Torcello fahren

Eine Alternative zum Ausflug nach Venedig (ab dem Fähranleger Punta Sabbioni in Treporti 20 km westl. v. Lido di Jesolo) ist die Bootstour zur venezianischen Insel Torcello. Um hier etwa die bedeutende **Basilica di Santa Maria Assunta** zu besichtigen, nimmst du am weniger bekannten **Anleger Marina Fiorita** die Fähre Nr. 12, die während der ca. halbstündigen Überfahrt noch am Terminal Burano hält. ***Infos:*** *Einzelticket 7,50 € | Marina Fiori | Treporti | actv.avmspa.it*

REGENTAG – UND NUN?

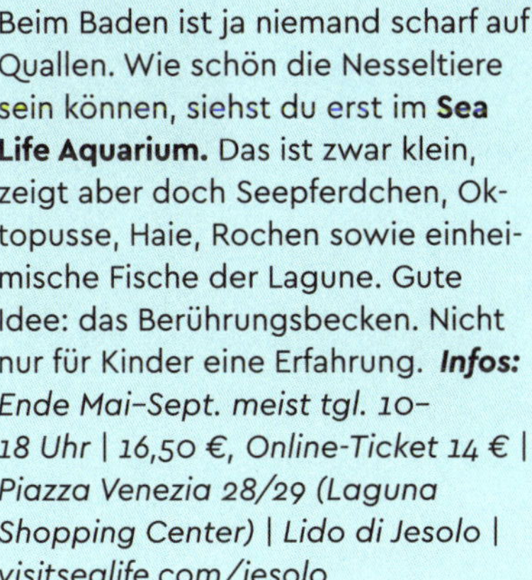

5 Dem Hai ins Auge schauen

Beim Baden ist ja niemand scharf auf Quallen. Wie schön die Nesseltiere sein können, siehst du erst im **Sea Life Aquarium.** Das ist zwar klein, zeigt aber doch Seepferdchen, Oktopusse, Haie, Rochen sowie einheimische Fische der Lagune. Gute Idee: das Berührungsbecken. Nicht nur für Kinder eine Erfahrung. ***Infos:*** *Ende Mai–Sept. meist tgl. 10–18 Uhr | 16,50 €, Online-Ticket 14 € | Piazza Venezia 28/29 (Laguna Shopping Center) | Lido di Jesolo | visitsealife.com/jesolo*

ESSEN & TRINKEN

6 Maga Magò

Hexenküche musst du im „Zauberin Magier" weder befürchten noch erwarten, dafür gute Pizza, Pasta und als Besonderheit sizilianische Spezialitäten. ***Infos:*** *Tgl. 11.45–14.30 u. 18–23/24 Uhr | Piazza Trieste 4 | Lido di Jesolo | Tel. 0421 18 46 00 | Facebook: Ristorante Pizzeria Maga Magò | €€*

Insider-Tipp
Frittierte Reisbällchen

Bestell im Maga Magó leckere Arancini mit herzhafter Füllung. Dann musst du dafür nicht bis Sizilien reisen.

7 Capri

Knusperpizza, manchmal mit ungewöhnlichem Belag, etwa die Classico d'Autore mit eingelegten Zwiebeln, Brie und würziger Salami. ***Infos:*** *Nov.–Sept. Di–So 18–23.30 Uhr, So auch mittags | Piazzetta de Santis 9 | Lido di Jesolo | Tel. 0421 38 20 55 | pizzeria-capri.it | €–€€*

EINKAUFEN

8 Mercato degli Agricoltori

Kauf wie Hausfrauen und Küchenchefs auf dem Bauernmarkt in Ca'Savio frische Lebensmittel aus der Region. ***Infos:*** *Mi 8–13 Uhr | Piazza Papa Giovanni Paolo II/Via Concordia (beim Rathaus) | Ca'Savio (18 km westl. v. Lido di Jesolo)*

9 Designer Outlet Noventa di Piave

Alles, was gut und teuer ist, von Anzügen bis Sonnenbrillen namhafter Marken, gibt es im schmucken Kunstdorf teilweise und vor allem bei Promo-Aktionen

AUS SAND GEBAUT

Die beeindruckend detailreichen Skulpturen bestehen nur aus Sand und Salzwasser

erheblich günstiger. ***Infos:*** *Tgl. 10–20 Uhr | Via Marco Polo 1 | Noventa di Piave (26 km nördl. v. Lido di Jesolo) | mcarthurglen.com*

STELL- & CAMPINGPLÄTZE

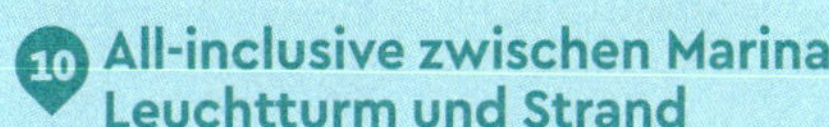

10 All-inclusive zwischen Marina, Leuchtturm und Strand

Viel Sport und Extras, ein Preis. Alle Angebote auf und zahlreiche außerhalb des umweltzertifizierten, nach eigenem Bekunden CO2-neutralen Platzes am südwestlichen Ende der Fußgängerzone sind inbegriffen, vom Aquapark über die Segel- und Surfkurse bis zu den Sonnenliegen am Strand. Animation auch für jüngere Kinder, vom Ponyreiten sind alle begeistert. Keine Hunde.

Jesolo International Club Camping

€€€ | Viale Alberto da Guissano 1 | Lido di Jesolo | Tel. 0421 97 18 26 | jesolointernational.it | GPS: 45.48422, 12.58761

▶ **Größe:** *368 Parzellen, 90–200 m² (CEE 10–20 Ampere), 131 Mobilheime*
▶ **Ausstattung:** *Brötchenservice, Supermarkt, Pools, Restaurant, Wellness, umfassende Sportangebote*

11 Inbegriff des Italienurlaub-Familiencampings am Meer

Ankommen und sofort auf eine der großen Wasserrutschen. Oder ins Wellenbad, an den Strand, abends in die (Mini-) Disko. Der kleinstadtgroße Platz in Treporti bietet umfassenden Service, breites Freizeitangebot, ist gut gegliedert und sorgt für jeden Camper-Geschmack. Shops, Restaurants, Cafés, Eisdielen, Sportplätze findest du vor Ort und mit der Fähre bist du ab Punta Sabbioni in 30 Minuten am Markusplatz in Venedig – der Traumplatz vieler Italiencamper.

Union Lido

€€€ | Via Fausta 258 | Cavallino-Treporti (20 km westl. von Lido di Jesolo) | Tel. 0412 57 51 11 | unionlido.com | GPS: 45.46722, 12.53015

▶ **Größe:** *1206 Parzellen, 70–200 m² (CEE 6–16 Ampere), 993 Mobilheime*
▶ **Ausstattung:** *Brötchenservice, Supermärkte, Pools, Restaurants, Wellness, Aqua-, Spiel- und Freizeitparks. Umfassendes Angebot auch für Hunde im separaten Camp- und Strand-Bereich, vom Agility-Parcours über Hundepool bis Haustier-Sitting*

VICTORIA GRÜSST

Der Siegesleuchtturm von Triest. Die Siegesgöttin ist aus Bronze und wiegt 700 kg

Bergkommunen und Adria-Glamour
Von Cortina d'Ampezzo nach Triest

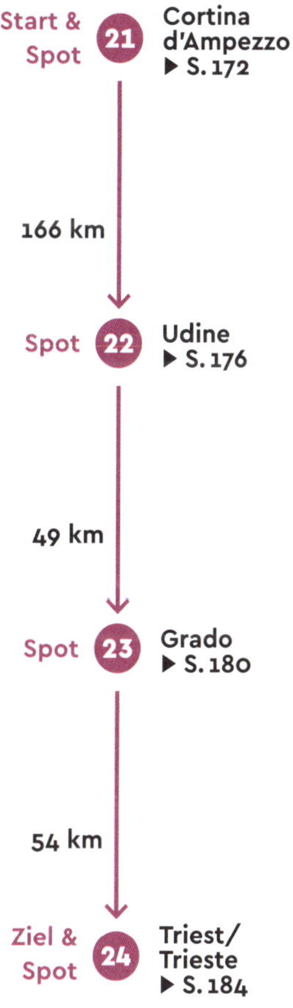

In Cortina misst sich die Weltelite der Wintersportler, die „Goldinsel" Grado ist seit Habsburger Zeiten ein europäisches Urlaubsparadies an der östlichen Adria und Triest ein boomender Freihafen mit internationalem Flair. Eigentlich erstaunlich, dass das womöglich noch vielfältigere Land dazwischen, also die alte ladinische Region Karnien und die Provinz Friaul-Julisch Venetien, touristisch oft noch unter dem Radar bleibt. Darum, Outdoor-, Bade- und Kulturfreunde: Hier wartet ein überaus lohnendes Urlaubsziel auf Entdecker.

Strecke 269 km

Reine Fahrzeit 3 Std. 30 Min.

Streckenprofil In den Bergen oft einspurige Landstraßen, steil, kurvig und ohne Randbefestigung. In der Ebene und an der Küste Autobahnen und gut ausgebaute Staatsstraßen

Empfohlene Dauer 9 Tage

Anschlusstouren E

FACTS

Tour F im Überblick

Tour-Highlights
Im Museo Etnografico Regole d'Ampezzo von Cortina d'Ampezzo einige Worte Ladinisch lernen ▶ S. 173
In Cividale del Friuli die Teufelsbrücke bewundern ▶ S. 177
Mindestens einmal Boreto a la Graisana auslöffeln, Fischsuppe nach Grado-Art ▶ S. 182
Mit James Joyce ins Triester Literaturcafè San Marco gehen ▶ S. 186
Seeboden
Millstätter See
Spittal an der Drau
B100
A10
Österreich
A23
Tarvisio
Tolmezzo
Bled
Radovljica
A2
Triglavski narodni park
Gemona del Friuli
Železniki
Tarcento
Tolmin
Daniele
riuli
Cividale del Friuli
Slovenija
Udine
eite 176
22
Žiri
Idrija
A23
Nova Gorica
droipo
GORIZIA
Logatec
Palmanova
A34
Ajdovščina
H4
A1
Ronchi dei Legionari
Monfalcone
A4
Cervignano del Friuli
isana
Aquileia
Postojna
Laguna di Marano
Sežana
RA13
A3
Triest/Trieste
Seite 184
Lignano Sabbiadoro
23
Opicina
Golfo di Trieste
24
Grado
Seite 180
bione
Muggia
A1
Ilirska Bistrica

F Tourenverlauf

Start & Spot 21

Cortina d'Ampezzo
Mondänes Dolomitendorf mit olympischen Ehren ▶ **S. 172**

35 km Cortinas Gipfel lässt du auf der SS51, der Strada Stratale di Alemagna, hinter dir, doch die Berge bleiben noch eine ganze Zeit lang deine treuen Begleiter. Auf dich wartet eine wundervolle Berg- und Waldstrecke durch die östlichen Dolomiten, aber für die nächsten 100 km brauchst du mindestens zwei Stunden, eher mehr. Streckenweise wird die Straße einspurig, kurvig und/oder sehr steil, da bilden sich hinter Womos schnell mal Fahrzeugkolonnen. Wer nett ist, fährt in solchen Abschnitten ab und zu rechts ran und lässt die „Anhängsel" sicher überholen. Am Ortsrand von Pieve di Cadore ignorierst du das grüne Schild nach rechts zur „A27 Venezia" und fährst stattdessen weiter geradeaus auf der SS51 ins Zentrum des angenehmen Bergstädtchens.

Pieve di Cadore

Das Dolomitenstädtchen ist der Geburtsort des Renaissance-Malers Tizian. Um 1490 erblickte er hier am Ufer des Cadore das Licht der Welt, seine bescheidene **Casa natale di Tiziano Vecellio** ist (mit ein wenig logistischem Aufwand im Vorfeld) zu besichtigen (*6 €, Kinder 6–18 J. 4,50 €, bis 5 J. frei | Via Arsenale 4 | magnificacomunitadicadore.it | Anmeldung mind. 24 Std. vorher unter Tel. 0435 32262*). Kneifer, Lorgnons, Lupen, insgesamt rund 2000 Sehhilfen zeigt 50 m nebenan das gut gemachte Brillenmuseum **Museo dell'occhiale** (*Di–So 9.30–12.30 u. 15.30–18.30 Uhr, Juli/Aug. tgl. | 7 €, Kinder 6–18 J. 4 €, bis 5 J. frei | museodellocchiale.it*).

P *Parcheggio | Via XX Settembre 28 | Pieve di Cadore | GPS 46.42859, 12.37627*

75 km Vorbei an Dörfern und Bergweiden geht es beschaulich weiter, die Landschaft bleibt gebirgig, auch nachdem du kurz hinter Lozzo di Cadore scharf rechts auf die SS52 abgebogen bist. Wenn du für das kommende, sehr kurvenreiche Wegstück Kräfte tanken oder einfach die schöne Gegend länger genießen willst, bietet sich der kosten-, allerdings auch servicelose kommunale **Stellplatz von Lorenzago di Cadore** an (*Area Sosta Camper | Via Giava 10 | Lorenzago di Cadore | GPS 46.48152, 12.45719*). Noch einmal ziehen die Berge in Sachen Schönheit und abenteuerlicher Straßenführung alle Register,

vor allem um den Passo della Mauria. Später wird es nach all dem Auf und Ab fast ein wenig eintönig, bis jenseits der Mündung des Torrente But in den Tagliamento das alte Handelsstädtchen Tolmezzo zu Füßen grüner Bergkegel auftaucht.

Tolmezzo

Beim Bummel durch den Borgàt, die Altstadt rund um die Piazza Mazzini, entdeckst du reichlich typische Laubengänge und unverputzte Natursteinmauern, den Titel „Città alpina 2017" trägt die Hauptstadt der Region Karnien (*carnia.it*) völlig zu Recht. Wie man hier früher lebte und welche Verbindungen Tolmezzo zu München hat, erfährst du im ethnografischen **Museo Carnico delle Arti e Tradizioni Popolari Michele Gortani** im Palazzo Campeis (*Di–Fr 9–13, Di, Do, Fr zusätzl. 15–17, Sa/So 10–13 u. 15–17 Uhr | 6 €, Kinder 7–14 J. 4 €, bis 6 J. frei | Via della Vittoria 2 | carniamusei.org*) gleich neben der Touristeninformation.

P *Parcheggio | Via Giovanni Gortani | Tolmezzo | GPS 46.40714, 13.00909*

IM ZEICHEN DES MEISTERS

Die Piazza Tiziano in Pieve di Cadore. Hier dreht sich alles um den Maler Tizian

IM GLEICHSCHRITT MARSCH!

Die Piazza Grande genau im Zentrum von Palmanova war ursprünglich als Exerzierplatz der Festungsstadt konzipiert

28 km Über die kleine SR512 (Via Val D'Arzino) erreichst du in aller Ruhe, vorbei an grünen Hügeln und teils am Westufer des türkisblauen **Lago di Cavazzo** entlang, Gemona im Tal des Tagliamento.

Gemona del Friuli

Der leicht schiefe Kirchturm von **Santa Maria Assunta** (*tgl. in der Regel 8–12/12.30 u. 14.30–18 Uhr | Via Giuseppe Bini 33 | gemonaparrocchia.it*) ist seit dem schlimmen Erdbeben von 1976 zu einer Art Wahrzeichen von Gemona geworden. Das andere ist hinter dem mittelalterlichen Dom die schroffe Felswand, Teil des **Monte Chiampon,** der den Eingang zum Val Canale, dem historischen Kanaltal, bewacht. Mit ihm reißen die Julischen Voralpen noch einmal die 1700-m-Marke, bevor sie den Hügeln und Ebenen des Südens Platz machen.

P *Parcheggio | Via Dante Alighieri | Gemona del Friuli | GPS 46.27524, 13.13087*

28 km Deutlich flacher wird die Gegend nun und zwischen zunehmenden Gewerbegebieten geradezu lieblich. Das merkst du auch bei deiner Weiterfahrt über SS13 und SS49 nach Udine (dafür zunächst den grünen Schildern „Udine Tarvisio" folgen, dann aber nicht auf die Autobahn abbiegen).

Udine

Städtchen im Dornröschenschlaf zwischen Alpen und Adria ▶ S. 176

21 km Langsamer als auf der parallel verlaufenden Autobahn, dafür mit mehr Aussicht und Anschluss an das tägliche Leben der Region, bringt dich die SR352 fast schnurgerade südwärts nach Palmanova.

Palmanova

Ein Weltkulturerbe wie ein Zahlenrätsel: Sechseckiger Hauptplatz im Zentrum, Umriss wie ein neunzackiger Stern, Geburtstag am 7. Oktober 1593. Die Auflösung: Palmanova ist eine planmäßig angelegte venezianische Garnisonsstadt, Stadttore, Befestigungsmauern, Bastionen und Wassergräben sind größtenteils erhalten. Der Ort ist ein lebhaftes und leibhaftiges Freilichtmuseum, vor allem beim Historienspektakel „Palma alle Armi" in der ersten Septemberwoche mit mehr als 800 kostümierten Mitwirkenden.

P *Parcheggio und Area Sosta Camper (max. 72 Std.) | Via Pasqualigo 12 | Palmanova | GPS 45.90746, 13.31076*

Optionaler Anschluss: Tour E

28 km Reisende Richtung Venedig verabschieden sich hier nach Westen. Der Weg nach Süden aber führt aus Palmanova heraus wie herein, nämlich schnurgerade auf der SR352. Dörfer und Felder liegen beidseits der schmalen Landstraße, Zypressen und Schilf am Wegrand kündigen die nahe Adriaküste an. Die Gegend ist flach und fruchtbar, ständig fährst du an Obstplantagen und -gärten vorbei. Sehr schmackhaft und möglichst auch gesellig kannst du die Früchte des Landes in Form von Hochprozentigem genießen. Eine gute Adresse für den Einkauf liegt gleich auf deiner Strecke, zwischen Km 28 und 29 kündigt rechts das Schild „Sgnape dal Checo/Bottega della Grappa" den Werksverkauf der **Distilleria Aquileia** an (*Mo–Sa 9–12 u. 15–19 Uhr, Via Guilia Augusta 87 | Aquileia*). Beliebt als Mitbringsel für die Daheimgebliebenen ist zum Beispiel der Aquavite di Pere, der hiesige „Willi". Wobei man fairerweise sagen muss, dass es erfahrungsgemäß nicht jede Flasche ungeöffnet über die Alpen nach Norden schafft. In **Aquileia** kannst du im netten zentralen **Freiluft-Bistro Melon's Club** (*tgl. 10–24 Uhr, Viale Stazione 1/Hauptstraße*) eine Pause machen.

Was Aquileia sonst noch zu bieten hat, erkundest du bei einem Ausflug vom Spot Grado aus ▶ S. 181.

Insider-Tipp
So schön rot und saftig

Sobald du im Café Melon's Club in die reifen, roten, saftigen Wassermelonen beißt, weißt du (wieder), wie Sommer schmeckt.

Kurz nach dem Hinweisschild auf Campingplatz und Restaurant siehst du das Lagunenwasser glitzern. Fast 5 km lang ist die Stelzenstraße, die dich ohne Umschweife hinüberbringt nach Grado.

Spot 

Grado
Lagunenstädtchen im Osten mit feinen Sandstränden vor der Tür ▶ **S. 180**

24 km Keine 200 m misst die Brücke, die die goldsandige **Isola di Grado** im Osten mit dem Festland verbindet. Wobei „festes Land" eigentlich zu viel versprochen ist, denn zunächst geht es weiter durch buschgestandenes Schwemm- und Auland. Flamingos, Reiher und sonstige Wasservögel fühlen sich hier im Naturschutzgebiet **Riserva naturale regionale Valle Cavanata** (*vallecavanata.it*) offensichtlich sehr wohl, du kannst sie bei Wander- oder Radtouren durch das Schutzgebiet teils ganz aus der Nähe beobachten. Keine ausgewiesenen Haltestellen oder gar Parkbuchten gibt es dagegen direkt am Isonzo, den die SP19 nach wenigen Kilometern quert. So lässt du also den Fluss hinter dir, dessen Name mit nicht weniger als zwölf entsetzlichen Schlachten im Ersten Weltkrieg verbunden ist, und fährst gemächlich auf der SP19 in weitem Bogen in Monfalcone ein.

Monfalcone

Kreuzfahrtschiffe werden in dieser nördlichsten Stadt an der Adria gebaut, und zwar die ganz großen. Im imposanten modernen **MuCA – Museo della Cantieristica di Monfalcone** (*Fr–Mo 10–18/19 Uhr | 7 € | Via del Mercato 3 | mucamonfalcone.it*) erlebst du die hier ansässige Großindustrie hautnah – sowohl in den vier Themenausstellungen als auch bei einer Besichtigung der **Schiffswerft Ficantieri** gleich nebenan

(Sa 10 und/oder 11 Uhr, nur mit Führung, Museumsticket + 4 €, Anmeldung erforderlich). Anschließend kannst du das in der Blüte der lokalen Werften planmäßig angelegte Arbeiterviertel **Panzano** durchstreifen und dabei Sozial- und Industriegeschichte hautnah erleben.

P *Parcheggio di MuCa | Via del Mercato 3/Piazzale Alberto Cosulich (vor Museumseingang) | Monfalcone | GPS 45.79491, 13.53720*

Insider-Tipp
App für Viertel und Museum

Wer Italienisch oder Englisch spricht, ist in der Planstadt Panzano und auch im MuCa selbst immer bestens informiert mit der MuCa-App.

30 km Ein krasser Bruch zu den bisherigen Sandstränden ist die nun beginnende karstfelsige Steilküste der östlichen Adria. Begleitet wird sie von der gut ausgebauten SS14, später SR14, die sogar noch direkter als die parallel verlaufende E70 an die Hafenanlagen und damit mitten hinein nach Triest führt.

An der Parkbucht, kurz nachdem die SS14 zur SR14 wurde, hast du von dem etwas auskragenden Aussichtsbogen den ganzen wild-romantischen Küstenabschnitt im Blick.

Ziel & Spot **24**

Triest/Trieste
Lebensfroher Kulturmix am bedeutenden Adriahafen ▶ **S. 184**

ERFRISCHUNG AN DER SR352

Die Melonen im Café Melon's Club sind echte Durstlöscher

Cortina d'Ampezzo

Mondänes Dolomitendorf mit olympischen Ehren

Es ist wie ein Märchen: Erst fährst du durch dunklen Wald, immer weiter hinein in die immer schroffer werdenden Berge – und mittendrin findest du plötzlich diese „Perle der Dolomiten", eingefasst von grandiosen Gipfeln wie Tofana di Mezzo, Monte Cristallo oder den Cinque Torri. Sie sind der eigentliche Schatz und waren es auch, die erstmals 1932 die Alpinen Skiweltmeisterschaften in das ladinische Bergdorf brachten. Weltruhm kam 1956 mit den Olympischen Winterspielen, eine Neuauflage ist für 2026 geplant.

P *Parcheggio Ex Ferrovia | Via Guglielmo Marconi (beim Bahnhof) | Cortina d'Ampezzo | GPS 46.53845, 12.13921*

STADTBUMMEL

Der Corso d'Italia, die Flaniermeile von Cortina d'Ampezzo, führt direkt auf die barocke Pfarrkirche St. Philippus und Jakobus zu

AKTIVITÄTEN & SIGHTSEEING

1 Im Freilichtmuseum Lagazuoi Kanonendonner hören

In den restaurierten Stellungen am Lagazuoi wird die Dolomitenfront des Ersten Weltkriegs beklemmend greifbar. Die herrliche Bergregion ist zum Wandern und Klettern freigegeben, historisch erfährst du mehr, wenn du dich einem der Führer, manche in Originaluniform, anschließt. ***Infos:*** *Museum + Führung tgl. 23. Juni–24. Aug. | frei | Funivia Lagazuoi (Seilbahn Falzarego-Sattel – Kleiner Lagazuoi) | Passo di Falzarego/SR48 (16 km westl. v. Cortina d'Ampezzo) | lagazuoi.it*

Insider-Tipp
Schwitzen ganz oben

Wärm dich ordentlich auf in der coolen Finnischen Sauna (Europas höchstgelegener!) des Rifugio Lagazuoi neben der Bergstation auf 2278 m (tgl. 9–16 Uhr | 45 Min. 20 € | 8 Plätze, reservieren! | Tel. 0436 86 73 03 | rifugiolagazuoi.com).

2 Das Centro storico auskundschaften

Erprobe ruhig mal deine Pfadfinderfähigkeiten in der hübschen Altstadt von Cortina. Hier kannst du zwischen der barocken Pfarrkirche **Basilica die Santi Filippo e Giacomo** und dem Olympischen Eisstadion **Stadio** weit mehr entdecken als Luxusgeschäfte und Skihotels. ***Infos:*** *cortina.dolomiti.org*

3 Schauen, Spazieren, Skifahren auf dem Monte Faloria

Dem Himmel ganz nah bist du in diesem tollen Wander- und Skigebiet auf 2120 m Höhe inmitten einer imposanten Bergarena. Vom Monte Faloria sieht selbst Cortina d'Ampezzo, 1000 m weiter unten, aus wie ein Spielzeugdorf. ***Infos:*** *Seilbahn 8.30–16.30 Uhr | retour 23,50 €, erm. 17,50 € | Funivia Mandres-Faloria | Talstation Via Ria de Zeto 10 | Cortina d'Ampezzo | faloriacristallo.it*

4 Bei den Cascate di Fanes Klettererfahrung sammeln

Geh so weit du willst: Erst ist der Weg am Bergbach geteert, dann kiesig, steigt an und wird oben am Wasserfall in der felsigen Schlucht sogar zum (leich-

REGENTAG – UND NUN?

5 Ladinische Lebensart kennenlernen

Privatbesitz war lange nicht so die Sache der Ampezzaner Familien, gemeinsame Arbeit hatte sich in ihrem Tal besser bewährt. Alles über die *Regole* (die Regeln der Gemeinschaft) erfährst du im ethnografischen Museum **Museo Etnografico Regole d'Ampezzo** in der vormaligen Sägemühle. ***Infos:*** *Tgl. 10.30–12.30 u. 15–19 Uhr | 7 €, Kinder ab 10 J. 8 €, unter 10 J. frei, , Fam. 15 € | Via Marangoi 1 | Cortina d'Ampezzo | musei.regole.it*

ten) Klettersteig. ***Infos:*** *Gola di Fanes | 4-km-Wanderung ab Parcheggio Centro Visitatori Parco Naturale delle Dolomiti d'Ampezzo (4 km nördl. v. Cortina links ab von der SS51, GPS 46.59340, 12.11323) | dolomitiparco.com*

ESSEN & TRINKEN

6 Baita Fraina

Die Brüder Menardi begründeten die Food-Bewegung Alto Gusto mit. Hier wird auf lokale Spezialitäten gesetzt, das goutiert auch der Guide Michelin. Das i-Tüpfelchen ist der unbezahlbare Blick von der Terrasse auf die Cinque Torri. ***Infos:*** *Di–So 12–14.30 u. 19–21.30 Uhr | Via Fraina 1 (über dem Golfplatz) | Cortina d'Ampezzo | Tel. 0436 36 34 | baita fraina.it | €€€*

7 Ampezzo Pizza

Kleine, einfache Pizzeria mit großer Auswahl, inklusive Pizza-Klassiker und original italienischer Kreationen wie „con Wurstel" – besonders gut, wenn du einen Platz auf der Terrasse bekommst. ***Infos:*** *Tgl. 11–21 Uhr | Via 29 Maggio 11 (Zentrum) | Cortina d'Ampezzo | Tel. 0436 86 13 08 | €*

EINKAUFEN

8 Dainese Cortina

Stellvertretend für all die Sport-, Ski-, Bike- und Hike-Fachgeschäfte vor Ort, hier der gut sortierte Store des italienischen Markenherstellers. Gute Beratung, 1A Qualität, nicht eben billig. ***Infos:*** *Mi–So 9.30–12.30 u. 15.30–19.30 Uhr | Piazza Pittori Fratelli Ghedina 12 | Cortina d'Ampezzo | dainese.com*

GIPFELTREFFEN

Eine Wanderin im Parco Naturale delle Dolomiti d'Ampezzo

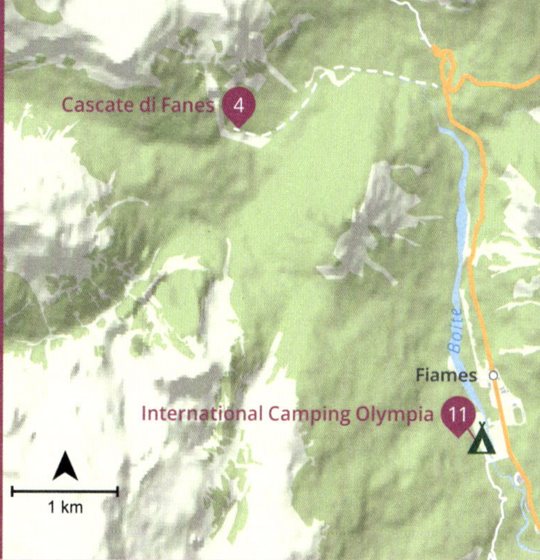

9 La Cooperativa di Cortina

Alles unter einem Dach, was man für Alltag und Urlaub so braucht. Das kleine, Traditions-Kaufhaus (seit 1893) wird von einer lokalen Genossenschaft betrieben. ***Infos:*** *Mo–Do 8.30–12.30 u. 15–19.30, Fr/Sa 8.30–20, So 9.30–19 Uhr | Corso Italia 40 | Cortina d'Ampezzo | coopcortina.com*

STELL- & CAMPINGPLÄTZE

10 Stadtrand-Camping zwischen Wald und Bergen

Schöner langgestreckter Wiesenplatz am Flüsschen Boite, die eine Hälfte unter alten, hohen Bäumen am Waldrand. Ordentlich Eindruck macht natürlich die Dolomitenkulisse. Das gefällt, der Platz ist das ganze Jahr über gut belegt. Triff lieber früher als später vor Ort ein, denn reservieren kannst du hier nicht.

Camping Rocchetta 

€ | Via Campo 1 (südl. Ortsrand, Abfahrt von der SS51) | Cortina d'Ampezzo – Frazione Campo Di Sopra | Tel. 0436 50 63 | campingrocchetta.it | GPS: 46.52245, 12.13412

▶ **Größe:** *196 Stellplätze, davon 174 Parzellen, 50–100 m² (CEE 3 Ampere)*

▶ **Ausstattung:** *Brötchenservice, Shop, Skitrockenraum, Jacuzzi (im Freien, nur im Sommer)*

11 Urlaub im Bergwald am rauschenden Bach

Du stehst ein bisschen dicht beim Nachbarn, dafür unter Kiefern und Lärchen am Ufer der Boite. Und falls die Winternächte kälter sein sollten als erwartet, kannst du in die solide aus Holz gebauten Mini Pods, Mega Pods oder das Chalet auf dem Platz umziehen. Schön retro: das 1960er-Jahre-Flair in den gelb-grün-beigen Waschräumen. Die Berge ringsum sind sowieso zeitlos. Hunde sind nicht erlaubt

International Camping Olympia

€–€€ | Via Fiames 1 (3 km nördl. v. Zentrum) | Cortina d'Ampezzo – Località Fiames | Tel. 0436 50 57 | campingolympiacortina.it | GPS: 46.56930, 12.11568

▶ **Größe:** *160 Stellplätze, davon 140 Parzellen, 60–80 m² (CEE 2–16 Ampere)*

▶ **Ausstattung:** *Brötchenservice, Shop, Restaurant, Skitrockenraum, Barbecueplatz*

Spot 22

Udine

Städtchen im Dornröschenschlaf zwischen Alpen und Adria

Udine ist eine angenehme Stadt, hat von allem ein bisschen und wird doch auf dem Weg nach Süden oft übersehen. Schade, denn die frühere Kapitale von Friaul gleicht einer schlafenden Schönen. Sie gilt als Shopping-Paradies, ihr Architekturstil ist venezianisch mit Renaissance- und Barock-Einsprengseln, es gibt ein Schloss, ein Tiepolo-Museum, eine lebhafte internationale Universität und sogar den ältesten Fußballklub Italiens, den 1896 gegründeten Udinese Calcio.

P *Parking Piazza I. Maggio (SSM SpA) | Piazza 10 Maggio | Udine | GPS 46.06625, 13.23592; weitere Parkplätze um den ganzen Platz herum*

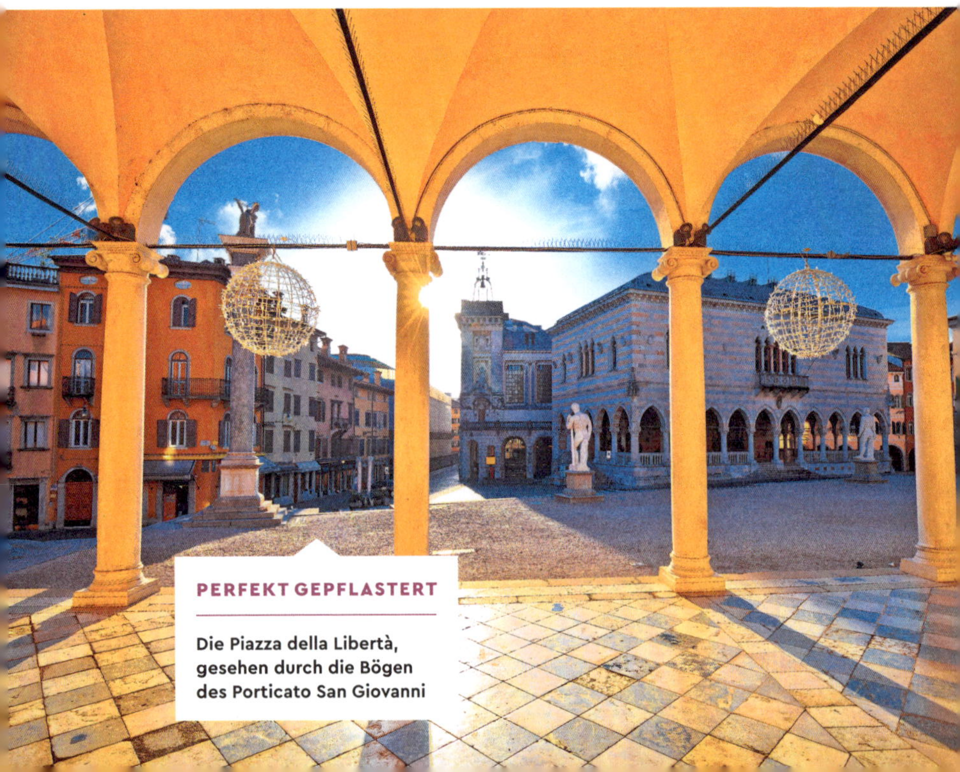

PERFEKT GEPFLASTERT

Die Piazza della Libertà, gesehen durch die Bögen des Porticato San Giovanni

AKTIVITÄTEN & SIGHTSEEING

1 Auf der Piazza della Libertà das Leben genießen

Einfach wundervoll ist Udines kopfsteingepflasterter Hauptplatz. Hingucker ist zum Schlossberg hin der marmorweiße Laubengang Porticato San Giovanni, dahinter der venezianische Torre dell'Orologio, gegenüber die gotische rot-weiße Loggia del Lionello. ***Infos:*** *turismofvg.it/ort/udine*

2 Im Schlosshof des Castello di Udine ein Gläschen trinken

Bis unters Dach voll mit Geschichte ist das Schloss inmitten und doch über der Stadt. Versäume bei all den Fotografien, Gemälden, alten Artefakten und neuen Ideen in den vier Schlossmuseen nicht die Dauersensation, den Panoramablick über die Dächer von Udine. ***Infos:*** *Di–So 10–8 Uhr | 8 €, Kinder frei | Piazzale della Patria del Friuli/Piazzale del Castello 1 | Udine | civicmuseiudine.it*

Insider-Tipp
Aussichtsreicher Weg

Steig von der Piazza I. Maggio direkt den Schlossberg hinauf und freu dich (egal ob du rechts oder links herum gehst) über die fantastische Aussicht.

3 Einen Ausflug nach Cividale del Friuli machen

In Cividale gibt es einiges zu sehen. Der **Tempietto Langobardo** im Kloster von Santa Maria ist ein bedeutendes Bauwerk aus dem 8. Jh. (Unesco-Weltkulturerbe). Durch das Landstädtchen schneidet außerdem die wilde Felsenschlucht des Flusses Natisone, höchst malerisch überspannt von der viel fotografierten Teufelsbrücke **Ponte del Diavolo.** ***Infos:*** *Tempietto Langobardo April–Sept. Mo–Fr 10–13 u. 15–18, Sa/So 10–18, Okt.–März Mo–Fr 10–13 u. 14–17, Sa/So 10–17 Uhr | 4 €, Kinder 1,50 € | Via Monastero Maggiore 34 | Cividale del Friuli (16 km östl. v. Udine) | tempiettolangobardo.it, cividale.com*

4 In San Daniele del Friuli Schinken verkosten

„San Daniele DOP" ist bester Schinken, luftgetrocknet im großartigen Mikroklima der *Friuli Collinare*, der grünen Hügel von Friaul. Führung und Verkostung bei **Alberti La Casa del Prosciutto.** ***Infos:*** *Sa/So Führung nach Anmeldung*

REGENTAG – UND NUN?

5 Im Diözesanmuseum Tiepolo besuchen

Bis unter die Decke ist das **Museo Diocesano e Gallerie del Tiepolo** voll mit Kunst. Wörtlich, denn Giambattista Tiepolos „Höllensturz" überwölbt die Ehrentreppe, den Gerichtssaal im zweiten Stock sein „Urteil Salomons". Die ebenfalls hochkarätige Kirchenkunst beschränkt sich auf den ersten Stock. ***Infos:*** *Mi–Mo 10–13 u. 15–18 Uhr | 8 €, Kinder 3 € | Piazza Patriarcato 1 | Udine | musdioc-tiepolo.it*

kostenlos, mit Verkostung 30 € p.p. | Via Ciconi 30 | San Daniele del Friuli (22 km nordwestl. v. Udine) | lacasadelprosciutto.com | prosciuttosandaniele.it

ESSEN & TRINKEN

6 Osteria Pieri Mortadele

Gemütliches kleines Altstadt-Bistro mit einem Hauch Studentenkneipe. Einfache Gerichte, auch Panini und Wurstplatten – klar, bei dem Namen. Ideal, um mit Freunden einen Friulano zu trinken. Oder zwei oder ... ***Infos:** Mo–Sa 10–23 Uhr | Via Bartolini 8 | Udine | Tel. 0432 50 92 34 | pierimortadele.com | €€*

7 Trattoria Da Catine

Koste hier den Käse-Kartoffel-Fladen Frico, eine feine Regenbogenforelle, die süßen ravioliähnlichen Cjarsion ... ach, am besten einmal die ganze friaulische Speisekarte rauf und runter! ***Infos:** Tgl. 10.30–15.30, Do–Sa 18.30–23 Uhr | Localita Aonedis 78 (zw. Stadt und Fluss) | San Daniele del Friuli (22 km nordwestl. v. Udine) | Tel. 0432 95 65 85 | dacatine.it | €€–€€€*

EINKAUFEN

8 People Udine

Sympathischer kleiner Laden in einem Durchgang zur Altstadt. Italienische Alltagsmode für Sie und Ihn. ***Infos:** Di–Sa 10–13 u. 15.30–19.30 Uhr | Via dei Rizzani 11 | Udine | newpeopleudine.it*

9 Azienda del Poggio

Lass dir im Traditionsweingut an der Strada del castelli e dei sapori (der „Wein- und Gewürzstraße") von Cristina die Geheimnisse ihrer Vulpes-Weine erklären und prüfe gleich bei einer Verkostung, ob das auch alles stimmt. ***Infos:** Mo–Fr 9–17 Uhr, Degustation mit Anmel-*

PAPPELAPAPP

Auf dem Campingplatz Ai Pioppi geht es ausgesprochen entspannt zu

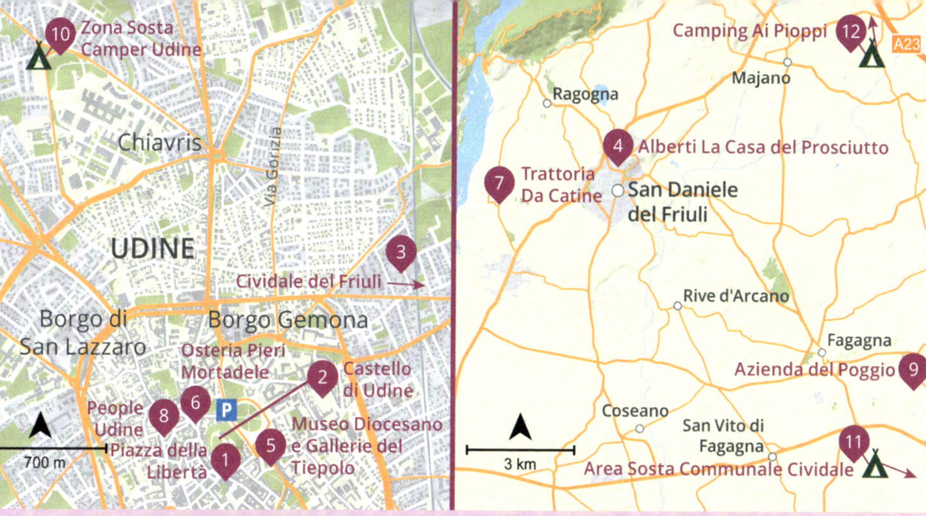

dung | Via San Clemente/Via San Ippolito 1 | Villalta di Fagagna (11 km nordwestl. v. Udine) | aziendadelpoggio.it

STELL- & CAMPINGPLÄTZE

10 Stadt-Stellplatz mit Wermutstropfen

Günstige, wenn auch karge Stellplätze auf asphaltiertem Park-&-Ride-Parkplatz. Die Innenstadt erreichst du zu Fuß in einer halben Stunde oder in zehn Minuten mit dem Bus Nr. 1. Max. drei Nächte.

Zona Sosta Camper Udine

€ | Via Chiusaforte 64 (beim Krankenhaus) | Udine | GPS: 46.08127, 13.22278

- **Größe:** *50 ausgewiesene Stellplätze*
- **Ausstattung:** *Wasser, Abwasser, Kassettenleerung*

11 Übernachten vor den früheren Stadtmauern

Vier schmale, kurze Stellplätze, spartanisch ausgestattet, aber in ruhiger Lage zwischen Feldern und dem Grünstreifen des Rio-Emiliano-Bächleins. Sehr gut ist die Nähe zur Altstadt, in nicht einmal fünf Minuten bist du zu Fuß im historischen Borgo Brossana. Max. drei Nächte.

Area Sosta Communale Cividale

Kostenlos | Via delle Mura | Cividale del Friuli (16 km östl. v. Udine) | GPS: 46.09437, 13.43628

- **Größe:** *4 Stellplätze*
- **Ausstattung:** *Wasser, Abwasser, Kassettenleerung*

12 Schöner Platz für ruhiges Land-Camping

Luxus ist hier nicht, aber die Grundausstattung ist völlig in Ordnung und du findest auf den zwei geebneten Wiesenterrassen am Hang paradiesische Ruhe unter den namengebenden Pappeln. Die Bar vorne am Eingang fungiert auch als Büro und La Signora Forgiarini als Infocenter.

Camping Ai Pioppi

€ | Mitte März–Anf. Nov. | Via Bersaglio 118 | Gemona (30 km nördl. v. Udine) | Tel. 0432 98 03 58 | aipioppi.it | GPS: 46.29074, 13.1296

- **Größe:** *50 Stellplätze, davon 35 Parzellen, 40–60 m² (CEE 4–6 Ampere), 6 Mobilheime*
- **Ausstattung:** *Brötchenservice, Shop, Bistro*

Grado

Lagunenstädtchen im Osten mit feinen Sandstränden vor der Tür

Nein, an Venedig reicht Grado nicht heran, obwohl auch das kleine Habsburger Thermalseebad an einer Lagune liegt und wie die „große Schwester" jedes Jahr Gäste aus aller Welt empfängt. Die suchen – und finden – hier unbeschwertes Sommervergnügen an hellen Adriastränden. Rund 100 Inseln und Eiländchen umfasst das Gemeindegebiet, reichlich Platz für Sonnenanbeter und Fischer, „Goldinsel" und Naturschutzgebiete, Meereswallfahrten und Ausflugsboote.

P *Parccheggio Squero | Riva Z. Gregori | Grado | GPS 45.68125, 13.38774*

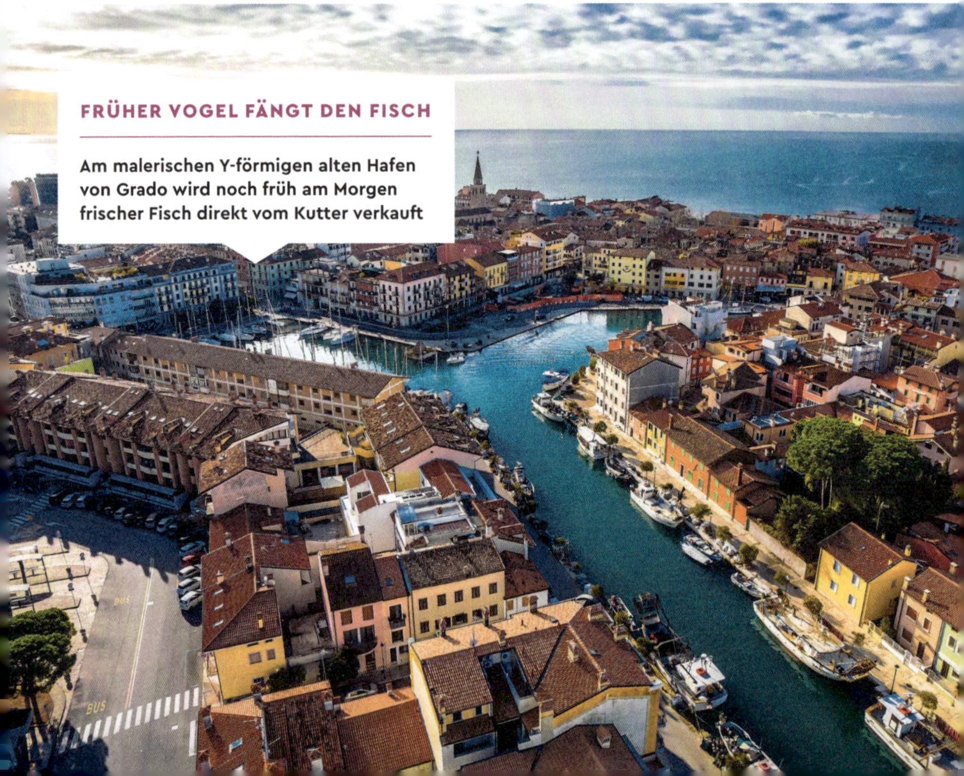

FRÜHER VOGEL FÄNGT DEN FISCH

Am malerischen Y-förmigen alten Hafen von Grado wird noch früh am Morgen frischer Fisch direkt vom Kutter verkauft

AKTIVITÄTEN & SIGHTSEEING

1 Die Goldstrände der Isola di Grado abwandern

Die Costa Azzurra ganz im Westen lässt du erstmal noch außen vor und gehst vom Y-förmigen Hafen in der Altstadt Castrum nach Süden zur **Spiaggia Principale,** dem Hauptstrand. Nun kannst du fast 4 km barfuß durch den Sand laufen, vorbei am Hundestrand Lido di Fido über die waldgesäumte Spiaggia Al Bosco bis zum Grado Pineta im Osten, wo sich die Kitesurfer tummeln. ***Infos:*** *costaazzurragrado.it | grado.it*

2 Maria und Mönche auf der Isola Barbana besuchen

Statt Strand bietet die Klosterinsel einen kleinen Wald mit Pinien, Magnolien, Zypressen und Ulmen, eine achteckige Kapelle und eine Wallfahrtskirche mit angeblich wundertätigem Madonnenbild (Ziel der 1237 begründeten Bootswallfahrt Perdon de Barbana am 1. So im Juli). ***Infos:*** *Hin und zurück 7 €, erm. 4 € | Traghetti ab Canale della Schiusa | Grado | April–Okt. 9.30–15, Juni–Sept. bis 17 Uhr | motoscafistigradesi.it | Überfahrt 25 Min. | santuariodibarbana.it*

3 In der Lagune von Marano Vögel bestimmen

Was für einen Lärm die Vögel im Schilf an den Kanälen veranstalten! Ob hier ein Reiher oder eine Rohrweihe schreit, erfährst du im **Besucherzentrum des Naturschutzgebiets Valle Canal Novo** (Centro Visite della Riserva Naturale Valle Canal Novo), das wie ein Casone gebaut ist, eines der schilfgedeckten Fischerhäuser der Lagune. ***Infos:*** *Mi–Mo 9–17 Uhr | Via delle Valli 2 | Marano Lagunare (38 km westl. v. Grado über Land, 10 km Luftlinie/per Boot) | visit maranolagunare.it*

4 Aquileia erforschen

Ein wuseliger Binnenhafen, gemauerte Kanäle zu Lagune und Meer und ein gewisser Markus predigte hier erstmals das christliche Evangelium. Entdecke in der einstigen römischen Handelsmetropole den **Canale Anfora,** das **Forum,** das größte **Bodenmosaik** Europas in der Basilika und das großartige **Archäologiemuseum**. ***Infos:*** *Aquileia (10 km nördl. v. Grado) | Basilika: März–Okt. Mo–Fr 10–18/19, Sa 10–18, So 12–18/19 Uhr, Nov.–*

REGENTAG – UND NUN?

5 Über steinalte Mosaikfußböden gehen

Von außen wirkt der Ziegelbau von **Sant'Eufemia** ein wenig schlicht, aber bedenke, dass die dreischiffige Kirche, wie sie heute mitten in der Altstadt steht, schon älter als 1500 Jahre ist – mitsamt dem filigranen Mosaikfußboden innen. Auch sonst findest du, von der vollständig ausgemalten Apsis bis zum Lapidarium im Kreuzgang, reichlich beeindruckende Kunst. ***Infos:*** *Tgl. 8–18/19 Uhr | Eintritt frei | Campo Patriarca Elia | Grado | turismofvg.it*

Febr. Mo–Sa 10–16/17, So 12–17 Uhr | 10 €, Kinder unter 10 J. frei | Piazza Capitolo | basilicadiaquileia.it; Archäologisches Nationalmuseum: Di–So 10–19 Uhr | 7 €, Kinder frei | Via Roma 1 | museoarcheologicoaquileia.beniculturali.it

ESSEN & TRINKEN

6 Trattoria Al Pescatore

So muss das sein in einem Hafenstädtchen am Meer. Die Karte listet Garnelen, Muscheln, Tintenfisch, Dornhai, Meeräsche, Wolfsbarsch, Flunder ... such dir was aus, es ist alles gut. ***Infos:*** *Tgl. 12–14 u. 18–22 Uhr | Riva Enrico Dandolo 10 (an der Hafenzufahrt) | Grado | Tel. 0334 750 54 21 | ristorantealpescatoregrado.it | €€–€€€*

Insider-Tipp
Die beste Fischsuppe

*Probier die für Grado typische **Boreto a la Graisana** – z. B. im Al Pescatore.*

7 Ristorante da Piero

Frischer Fisch, Meeresfrüchte oder Pizza, es ist für jeden was dabei in dem freundlichen Restaurant am Festlandsrand der Lagune, östlich an der Zufahrtsstraße nach Grado. Leger und mit herrlichem Blick über das Wasser und auf Grado speist du auf der Terrasse. ***Infos:*** *Dez.–Okt. tgl. 10/10.30–14 u. 18.30–22 Uhr | Localita Belvedere 1 | Grado | Tel. 0431 820 98 | ristorantedapiero.com | €€–€€€*

8 Al Granaio

Auch in dieser Trattoria steht, natürlich, Fisch auf der Speisekarte, neben Fleisch- und vegetarischen Gerichten, wo immer möglich mit Bio-Produkten aus der Region. ***Infos:*** *Mi–So 12–14.30, Mi–Sa 18.30–22 Uhr | Via Tiel 24 | San Lorenzo di Fiumicello (5 km östl. v. Aquileia) | Tel. 0339 725 88 94 | algranaiobio.net | €€–€€€*

KÜHLEN KOPF BEWAHREN

Der Schatten der Bäume auf dem Campingplatz Aquileia ist im Sommer ein wahrer Segen

EINKAUFEN

9 Barbara Gros

Die berühmte Muschel mit dem Meeresrauschen, in dem kleinen Souvenirladen in der Fußgängerzone findest du sie. Ebenso allerlei maritimen Schnickschnack, aber auch Amethystdrusen und schön geschliffene Mineralien. ***Infos:*** *Tgl. 9.30–13 u. 16–21 Uhr | Viale Europa Unita 33 | Grado*

STELL- & CAMPINGPLÄTZE

10 Komfortabler Strandurlaub im Pinienwäldchen

Wenn dir das Lagunenwasser am Strand mal nicht so gefällt, sind Strömungskanal oder Whirlpool im großen Wasserpark vergnügliche Alternativen. Auch sonst ist das Sportangebot vielseitig. Viel schöner Baumschatten und ein Dünenbereich mit Pinienwald. Mit der Lagune vor der Haustür sind allerdings auch die Mücken nie weit, also Spray einpacken. Hunde müssen in der Hauptsaison (Ende Mai–Mitte Sept.) leider draußen bleiben.

Villagio Turistico Europa

€€–€€€ | Via Monfalcone 12 (am östlichen Inselende) | Grado | Tel. 0431 808 77 | villagioeuropa.com | GPS: 46.69657, 13.45588

▶ **Größe:** *400 Parzellen, 80–100 m² (CEE 6–10 Ampere), 526 Mobilheime*
▶ **Ausstattung:** *Brötchenservice, Shop, Restaurant, Pools, In- und Outdoor-Spielplatz, Planschbecken*

11 Ruhiger Platz in flacher Landschaft

Freundlicher unaufwändiger Platz gleich neben den Ausgrabungen des römischen Hafens. Alte Bäume, ein kleiner Pool, Supermarkt gleich gegenüber. Okay für ein paar ruhige Tage mit Fahrradfahren und Erholen – bewusst ohne WLAN.

Camping Aquileia

€–€€ | Via Gemina 10 | Aquileia (10 km nördl. von Grado) | Tel. 0431 910 42 | campingaquileia.it

▶ **Größe:** *115 Parzellen, 70–144 m² (CEE 4–10 Ampere), 15 Mobilheime*
▶ **Ausstattung:** *Pool und Planschbecken*

Triest/Trieste

Lebensfroher Kulturmix am bedeutenden Adriahafen

Triest ist Europas „Windy City": Bora, Scirocco und Mistral bringen ordentlich frische Luft in die multikulturelle Hafen- und Universitätsstadt an der oberen Adria. Die Karstberge am Golf von Triest rahmen das „Wien am Meer" ein, wo in prächtigen Palästen die Habsburger Vergangenheit allgegenwärtig ist. Dazu passt bestens Triests Beiname *Città del caffè*, Stadt des Kaffees. Ebenso italienisch wie international ist auch die Barcolana, die hier seit 1969 jeden Herbst ausgetragene größte Segelregatta der Welt.

P *Parcheggio pubblico | Riva 3 Novembre (an der Mündung des Canal Grande ins Hafenbecken) | Trieste | GPS 46.65273, 13.76951; weitere Parkplätze entlang der Stadtküste, etwa: Riva San Nazario Sauro | GPS 45.64909, 13.76435*

EIN IRE IN TRIEST

Statue von James Joyce auf dem Fußweg am nördlichen Ende der Ponto Rosso über den Canal Grande di Triest; der Schriftsteller ging hier oft entlang

AKTIVITÄTEN & SIGHTSEEING

1 Vom Castello di Miramare übers Meer sehen

Sogar einen Thronsaal hatte Erzherzog Maximilian in seinem weißen Schloss an der Bucht von Grignano, seine Witwe Charlotte von Belgien lebte eine Zeitlang im Castelletto im Schlosspark, danach nutzten die Habsburger das Anwesen als Sommerresidenz. Wie sie kannst du das Castello bewundern, den 22 ha großen Park und vor allem den wunderbaren Blick über das ewige blaue Meer. ***Infos:*** *Schloss: Tgl. 9–19 Uhr | 10 € | Viale Miramare | Trieste | castello-miramare.it; Park: Tgl. 8–16/17/18/19 Uhr | Eintritt frei*

Insider-Tipp
Meereskunde zum Mitmachen

Ein tolles Mitmachmuseum – inklusive Schnorcheln (Juni–Sept.) im küstennahen Marine Reserve – ist das ***BIOdiversitario Marino*** *(BioMa) im Park (tgl. 9.30/14.30–18 Uhr | 6 €, Kinder 4 €, Fam. 12/15 € | ampmiramare.it).*

2 Grandezza spüren auf der Piazza dell'Unita d'Italia

Frag besser nach der Piazza Grande, wenn du den eleganten und tatsächlich größten Platz der Stadt suchst. Das bogenreiche Rathaus findest du hier, die barocke Fontana dei Quattro Continente, stattliche Palazzi und schicke Kaffeehäuser wie das Caffè degli Specchi sowie an der offenen Seite die Uferpromenade und das Meer. Ideal, um die abendliche *Passeggiata*, das Spazieren über die Scala Reale, auf den Molo Audace schräg gegenüber auszudehnen.

3 Zur Cattedrale di San Giusto Martire hinaufsteigen

Streng, schlicht, schön – mehr als 700 Jahr steht die Backsteinkirche nun schon auf dem früheren römischen Forum. Mit ihrer Maßwerk-Rosette, den Bogenreihen und dem goldglänzenden Apsismosaik ist sie eine würdige Krönung des zentralen San Giusto-Hügels. Der niedrige Glockenturm ist ganz groß in Sachen Rundumsicht. ***Infos:*** *Basilika: Mo–Sa 8–18.30, So 9–19.30 Uhr; Glockenturm: April–Sept. tgl. 9–17.30, März u. Okt. 9–12 u. 14.30–17 Uhr | Piazza della Cattedrale 3 | Trieste | castellodisangiustotrieste.it | sangiustomartire.it*

4 In die Grotta delle Torri di Slivia absteigen

Coole Tropfsteinhöhle 100 m unter der Erde mit beeindruckenden riesigen Karsthallen und bizarren Kalkgebilden. Kleiner Nachteil: Unter Tage herrschen nur 6–9 °C! Zieh dich also warm an, wenn du die 200 Stufen hinabsteigst. ***Infos:*** *Sa/So 11 u. 15.30, Juli/Aug. 11 u. 14 Uhr, zusätzl. Juli–Mitte Sept. Mo–Fr 11, im Aug. auch 14 Uhr | nur mit Führung: 15 €, Kinder 8 € | Loc. Aurisina Cave 62/A (SP31) | Duino-Aurisina (18 km nordwestl. v. Triest) | grottatorridislivia.it*

REGENTAG – UND NUN?

5 Mit James Joyce im Café abhängen

Um tatsächlich mit dem irischen Dichter, der gern und oft in dem feinen Jugendstil-Café **Caffè San Marco** in der Barriera Nuova einkehrte, zu plaudern und einen Nero zu trinken, bist du natürlich mehr als 100 Jahre zu spät dran. Aber deswegen musst du in dem berühmten Literaturcafè keinesfalls auf den Dubliner Wahl-Triester auf Zeit verzichten. Nimm als Ersatz einfach eines seiner Bücher aus der zum San Marco gehörenden Buchhandlung im Flügel nebenan. ***Infos:*** *Mo–Fr 8.30–23, Sa 8.30–23.45, So 9–21 Uhr | Via Cesare Battisti 18/A | Trieste | caffesanmarco.com*

ESSEN & TRINKEN

6 Al Porton

Rustikale Gewölbe, rot-weiß karierte Tischdecken – was leicht kitschig werden könnte, offenbart sich als hervorragendes Seafood-Restaurant mit bester lokaler Küche, großzügigen Portionen und bewährter lokaler Weinauswahl. ***Infos:*** *Di–Sa 11–14.30 u. 18–21.30 Uhr | Largo Santorio Santorio 1 | Trieste | Tel. 0393 010 06 04 | al-porton.edan.io | €€–€€€*

7 Ristorante Pizzeria Bianco

Fluffige Holzofenpizza am Canal Grande di Trieste, ein bisschen Chichi gehört da dazu. ***Infos:*** *Tgl. 12–14.30 u. 18.30–23 Uhr | Via Gioacchino Rossini 8 | Trieste | Tel. 040 233 54 97 | Facebook: Pizzeria Bianco Trieste | €€*

PIZZA AUF DER PIAZZA

Wer gute Pizza will, muss nicht erst nach Neapel fahren; in rosso (mit Tomatensauce) oder bianco (ohne) gibt es sie mittlerweile in ganz Italien

EINKAUFEN

8 Torrefazione La Triestina di Ariella

Erst Kaffeeverkostung und danach kannst du dir in dieser alteingesessenen Kaffeerösterei deine höchsteigene Mischung zusammenstellen lassen. ***Infos:*** *Tgl. 8–20 Uhr | Via di Cavanna 2 | Trieste | torrefazionelatriestina.it*

9 Wave Sailing Point Trieste

Alles, was Seglers Herz begehrt, vom Südwester bis zum Spin-Lock. ***Infos:*** *Di–Sa 9–12.30 u. 15.30–19 Uhr | Via Belpoggio 2 (nahe Yachthafen) | Trieste | wavesailing.it*

STELL- & CAMPINGPLÄTZE

10 In den Bergen unter Bäumen mit tollem Küstenblick

Gleich am Eingang der beste Blick auf Triest. Hier sind auch die größten Stellplätze, weiter unten auf den Terrassen am schönen Pinienhang wird es für Womos sehr eng, jedoch bestens zum Zelten. Insgesamt stimmungsvoll, aber schlicht. Reservierung erforderlich.

Camping Obelisco

€ | Strada Nuova per Opincina 37 | Trieste | Tel. 040 21 27 44 | campeggiobelisco.it | GPS: 45.67966, 13.78401

- **Größe:** *25 Stell- und Zeltplätze*
- **Ausstattung:** *Restaurant*

11 Bio-Camping plus auf dem Bauernhof

Ruhige schöne Schattenplätze unter Eichen und Eschen, ringsum liegen die ökologisch bewirtschafteten Obstgärten und Gemüsefelder der Gastgeber Quadracci-Plesnicar, frischer Nachschub für die vegetarische Camperküche. Dazu aus dem Bio-Hofladen regionale Vitovska- und Malvasia-Weine, Olivenöl, Honig und Käse.

Camping Agrituristico Carso 

€ | Fra. Aurisina Cave 55 (SP1) | Duino-Aurisina (19 km nordwestl. v. Triest) | Tel. 040 20 04 59 | campingcarso.com | GPS: 45.76185, 13.65247

- **Größe:** *20 Parzellen (CEE 3–6 Ampere)*
- **Ausstattung:** *Bio-Markt, Pool, Spielplatz, Gemeinschaftsraum, Lagerfeuerplatz, E-Bike-Verleih*

Planen – Packen – Losfahren

Anreise

Rechts rum, links rum oder ab durch die Mitte: Jeder übliche Weg vom deutschen Norden nach Italien führt durch Bayern, Österreich und über die Alpen. Wer die Maut nicht scheut, kommt auch mit Camper, Womo oder Gespann auf Autobahnen und gut ausgebauten Passstraßen schnell voran. Fahrerisch herausfordernder und im Winter nicht immer geeignet sind die Alternativrouten über Landstraßen, die dafür entschleunigtes Reisen und mehr Muße schon unterwegs bieten. Entscheide selbst und fahre auf deiner persönlichen *Strada del Sole* der Sonne entgegen.

STRECKENCHECK

1	**München** **Brenner** **Gardasee** **Verona**	**Entfernung** 430 km. **Reine Fahrzeit** 4 Std. 45 Min.	**Kosten** Vignette Österreich z. B. 10 Tage 9,60 €, Brennerautobahn A13 (Sondermaut) 10,50 €, Maut Italien 17,80 €
	**München** **Reschenpass**	**Entfernung** 209 km **Reine Fahrzeit** 3 Std. 30 Min.	**Kosten** Vignette Österreich (16 km A12), z. B. 10 Tage 9,60 €
	**München** **Lienz** **Cortina d'Ampezzo**	**Entfernung** 269 km **Reine Fahrzeit** 4 Std. 30 Min.	**Kosten** Felbertauerntunnel (Sondermaut) 11 €
	**München** **Villach** **Udine** **Triest**	**Entfernung** 513 km **Reine Fahrzeit** 5 Std. 45 Min.	**Kosten** Vignette Österreich, z. B. 10 Tage 9,60 €, Katschbergtunnel (Sondermaut) 13 €, Maut Italien 11,30 €

Schwäbisch Gmünd
CZ
Straubing
Deggendorf
Deutschland
Landshut
Passau
Ulm
Augsburg
Freising
Erding
Biberach an der Riß
Dachau
LINZ
MÜNCHEN
Memmingen
Wels
Kaufbeuren
Rosenheim
Kempten (Allgäu)
SALZBURG
2
INNSBRUCK
3
Österreich
Stellplatz Trins
Alpen
B
Brenner
Camping Lienzer Dolomiten
4
eschenpass
A
CH
LIENZ
Meran
KLAGENFURT
Villach
Cortina d'Ampezzo
F
Alpen
1
Udine
TRIENT
Belluno
E
SLO
Riva del Garda
Rovereto
Bassano del Grappa
Conegliano
C
Schio
Montebelluna
TRIEST
BRESCIA
TREVISO
D
VICENZA
San Donà di Piave
Grado
Villafranca di Verona
VERONA
PADUA
Mira
VENEDIG
HR
Chioggia
RIJEKA
Italia
PARMA
FERRARA
Mittelmeer
REGGIO NELL'EMILIA
MODENA
BOLOGNA
50 km

MÜNCHEN – BRENNER – GARDASEE – VERONA

Das ist der Klassiker: von München über den Brenner an den Gardasee. Der schnellste Weg führt über die A8 Richtung Salzburg und am Inntal-Dreieck auf die A93, die in Österreich zur Inntal-Autobahn A12 wird. Von ihr zweigt bei Innsbruck die Brenner-Autobahn A13 nach Süden ab. Schon nach 7 km lohnt nach der 190 m hohen Europabrücke ein Halt, auch wegen des schönen Blicks in Stubaital.
P *Europabrücke | GPS: 47.19737, 11.39793*

Für eine ruhige Nacht fährst du bei Ausfahrt 19 raus und 10 km ins Gschnitztal zum gepflegten **Wohnmobilstellplatz der Gemeinde Trins** (*stellplatz-trins.tirol | GPS 47.07496, 11.40453*). Anderntags ist der Brenner über die Autobahn im Handumdrehen erreicht – und noch schneller passiert. Auffälliger als der Pass an sich ist da schon das **Outlet Center Brenner** (*tgl. 10–19 Uhr, outletcenterbrenner.com*) rechts an der parallel verlaufenden, mautfreien Brennerstraße B182/SS12.

Auch in Italien führt die Brenner-Autobahn, nun als A22, verlässlich südwärts. Sterzing, Brixen und Bozen (Start Tour B ▶ S. 54) heißen die Stationen. Bei Trient (Start Tour E ▶ S. 140) kannst du auf der SS45bis durch das felsige Sarcatal zum ersten Mal Riva del Garda am nördlichen Gardasee anfahren (Start Tour C ▶ S. 82), der zweite, kürzere Weg ins Surferparadies führt von der Ausfahrt „Rovereto Sud – Lago di Garda Nord" durch die Galleria Tierno und über die SS240. Das südliche See-Ende liegt näher an der Ausfahrt „Affi". Bleibst du auf der Autobahn, sind es von hier nach Verona nur noch ca. 30 km (Start Tour D ▶ S. 112).

MÜNCHEN – RESCHENPASS

Die bayerische Landeshauptstadt im Rücken, fährst du auf dieser Route zunächst auf der A95 Richtung Garmisch. Nach rund 75 km endet die Autobahn bei Eschenlohe an bzw. in der B2. Geduld also, und keine 6 km weiter den Abzweig der B23 nicht verpassen, die in Österreich als B187 bei Lermoos auf die Fernpassstraße B179 trifft. Links abbiegen und hoffen, dass du auf deinem Weg über den Fernpass nicht in einen der hier notorischen Staus gerätst.

Das 16 km lange, vignettenpflichtige Teilstück der Inntal-Autobahn A12 hinter Imst kannst du auf der Tiroler Straße B171 umfahren. Beide Routen treffen sich wieder in der B180, die über die Skiorte Pfunds und Nauders zum Reschen hochklettert (Start Tour A ▶ S. 26).

Insider-Tipp
Schweizer Schnäppchen

Benzin zum Tiefpreis im Zollfreigebiet Samnaun (samnaun.ch) – da lohnen sich die 14 km ab Pfunds-Kajetansbrücke über schmale Bergstraßen ins Engadin.

MÜNCHEN – LIENZ CORTINA D'AMPEZZO

Wie bei Anreise 1 geht es zunächst von München zur österreichischen Inntal-Autobahn A93/A12. Die ist vignettenfrei bis zur Abfahrt Kufstein-Süd, wo du nach Kitzbühel abbiegst und in der Folge im 5,3 km langen Felbertauerntunnel (*felbertauernstrasse.at*) unter den Hohen Tauern, dann durch das malerische Iseltal bis Lienz fährst. Richtung Bozen/Innichen bringt dich nun die B100/SS49 ins östliche Pustertal. Wer unterwegs übernachten will, kann dies kurz vor der Landesgrenze bei **Camping Lienzer Dolomiten** (*camping-tirol.at | GPS 46.74574, 12.46311*). Bei Toblach biegt die Strada Statale 51 di Alemagna, die SS51 links ab, eine wundervolle Berg- und Waldstrecke durch die östlichen Dolomiten bis Cortina d'Ampezzo (Start Tour F ▶ S. 166).

MÜNCHEN – VILLACH UDINE – TRIEST

Ab München auf der A8 nach Südosten bis Salzburg, dann auf die A10 und durch den knapp 6 km langen Katschbergtunnel nach Villach. Hier auf die Südautobahn A2 und nach 340 km bist du schon in Venetien-Friaul.

Als A23 führt die Autobahn weiter durch Venetien-Friaul, die früher habsburgische Region Karnien, nach Süden, bis Udine treu begleitet von der immer wieder kreuzenden SS13. Die A23 endet dann 20 km weiter bei Palmanova. Hier biegen Venedig-Urlauber nach Westen auf die A4/E70 ab, Camper mit Ziel Aquileia und Grado fahren geradeaus auf der SR352var. Reisende mit Ziel Triest folgen der A4 zwischen Karstbergen und Steilküste nach Südosten zur weltoffenen Hafenstadt im äußersten Osten Italiens.

AUF NACH BOZEN!

Das Tempolimit auf italienischen Landstraßen für Pkws und kleine Womos ist 90

Adventure Kids

Experten-Check von PaulCamper

Coole Spiele für lange Fahrten

Ich packe meinen Koffer

Der Erste startet mit dem Satz „Ich packe meinen Koffer und nehme mit ..." und nennt einen Gegenstand. Reihum fügt ihr nun immer eine weitere Sache hinzu, müsst aber immer alle anderen bisher genannten Dinge davor aufzählen. Wer sich irrt, scheidet aus. Wie viele Dinge schafft ihr, in euren Koffer zu packen?

Wort an Wort

Ein Mitspieler beginnt, indem er ein Wort nennt. Legt euch dabei auf eine Kategorie fest: Tiere, Berufe oder Orte. Wenn ihr euch auf Tiere einigt, könnt ihr zum Beispiel mit „Elefant" anfangen. Der nächste Spieler muss dann ein Tier mit dem letzten Buchstaben dieses Worts nennen, hier mit t, zum Beispiel „Tiger". Ihr könnt es noch ein bisschen schwieriger machen, indem ihr zusammengesetzte Wörter nutzt. Zum Beispiel „Bauherr" – „Herrenhaus" – „Haustür" und so weiter. Wem nichts mehr einfällt, scheidet aus.

Italienische Geschichten erfinden

Erfindet gemeinsam eine Abenteuergeschichte (oder auch ganz viele)! Einer von euch denkt sich den Beginn der Geschichte aus. Der Nächste knüpft dann dort an, wo der Erste aufhört, und erzählt weiter. Solange, bis ihr zu Ende erzählt habt. So geht es los: Es war einmal ein Seefahrer, der hatte einen schwarzen Bart und ein Holzbein ...

Entdeckungsreise Südtirol, Gardasee & Venezien

Welchen Tieren bist du im Urlaub bereits begegnet?

- ○ Fisch
- ○ Reh
- ○ Steinadler
- ○ Ente
- ○ Hirsch
- ○ Biene

Das Südtirol-Gardasee-Venetien-Quiz

1. Was denkst du: Wie tief ist der Gardasee an seiner tiefsten Stelle?
a) 10 Meter b) 463 Meter c) 1250 Meter

____

463 Meter

2. Welchem Kleidungsstück ähnelt die Landeskarte von Italien?

____

Stiefel

3. Wie heißen die beiden großen italienischen Inseln?

____

Sizilien und Sardinien

4. Welche Kinderbuchfigur kommt aus Italien?

____

Pinocchio

Die Region Südtirol, Gardasee & Venetien ist bekannt für ihre Berge und die grünen Almwiesen mit ihren schönen Blumen. Weißt du auch, wie du diese als Erinnerung aufbewahren kannst?

Gut zu wissen

Ärztliche Versorgung & Gesundheit

Basisversorgung bei zugelassenen Ärzten, Zahnärzten und in Krankenhäusern kostenfrei mit der europäischen Krankenversicherungskarte (EHIC). Eine zusätzliche Auslandskranken- und -rückholversicherung beruhigt.

NOTFALLNUMMERN

Gebührenfreie Notfallnummer: 112
Sperrnummer bei EC-/Kreditkarten- oder Handyverlust: + 49 116 116, Kreditkartennummer, IBAN/BIC bzw. Handynummer bereithalten

Baden

Gelegenheiten für einen Sprung ins erfrischende Nass musst du nicht lange suchen. Unter den zahlreichen schönen Seen in den Regionen Südtirol, Gardasee und Venetien sind Kalterer See, Garda- und Caldonazzosee nur die bekanntesten. An der Adria locken von Chioggia bis Monfalcone die herrlichsten feinen und flach auslaufenden Sandstrände, sogar die Karstküste um Triest im Osten bietet einladende, wenn auch meist kiesige Badebuchten. Achtung: Es ist streng verboten, Sand oder Steine von italienischen Stränden mitzunehmen!

Diplomatische Vertretungen

Generalkonsulat der Bundesrepublik Deutschland in Mailand: Via Solferino 40 | 20121 Milano | Tel. 02 623110-1 | *mailand.diplo.de*
Honorarkonsulat in Bozen: Dr. Streiter-Gasse 12 | 39100 Bozen | Tel. 0471 972118 | Di, Mi, Fr 9–12 Uhr

Botschaft der Republik Österreich in Rom: Via Pergolesi 3 | 00198 Roma | Tel. 06 844014-1 | *aussenministerium.at/rom*
Honorarkonsulat in Venedig: Palazzo Condulmer (Santa Croce 251) | Venezia | Tel. 041 5237675 | Mo–Fr 9–10.30 Uhr
Honorarkonsulat Verona: Piazza Bra 10 | Verona | Tel. 0335 7189051

Schweizerisches Generalkonsulat in Mailand: Via Palestro 2 | 20121 Milano | Tel. 02 7779161 | *eda.admin.ch/milano*
Honorarkonsulat in Venedig: Dorsoduro 810 | Venezia | Tel. 041 5225996
Honorarkonsulat in Padua: Via Commerciale 29 | S. Giustina in Colle (Padova) | Tel. 0499 323705

Einreisebestimmungen & Zoll

Bürgerinnen und Bürger der EU und der Schweiz können mit gültigem Personalausweis oder Reisepass nach Italien einreisen.

Innerhalb der EU sind der Einkauf und das Mitführen von Waren für den persönlichen Gebrauch bis zu plausiblen Höchstmengen frei. Bargeld über 10 000 € muss an jeder Grenze angegeben werden.

Entsorgungsstellen & Frischwasser

Kostenlose Entsorgung von Grau- und Abwasser an fast allen Autobahnraststätten und Campingplätzen mit vollem Service (inkl. Frischwasser). Wer chemische Zusätze verwendet, folgt dem Schild „WC Kimik" oder „WG Chimico" (evtl. Extrakosten, meist um die 2 €).

Insider-Tipp
Lecker aus der Leitung
Oft kommt aus dem Hahn bestes Trinkwasser – ein Probeschlückchen zeigt, ob du dir den Wasserkauf in 1,5-l-PET-Flaschen sparen kannst.

Strom

Verwendet werden die üblichen CEE-Stecker, Verlängerungskabel machen dich ggf. mobiler.

Hunde

Die meisten Campingplätze nehmen Hunde auf, etwa die Hälfte weisen eigene Bereiche für Vierbeiner aus. Hunde-Duschen und Dog-Walks (mit Tütenspendern) sind aber die Ausnahme. An vielen Meeres- und Seeufern sind Hunde nur in bestimmten Abschnitten oder zeitlich eingeschränkt zugelassen, vor allem während der Saison.

Maut & Vignetten

Auf Italiens Autobahnen herrscht Mautpflicht, du zahlst an Mautstationen die gefahrenen Kilometer bar oder mit

WAS KOSTET WIE VIEL?

1 Espresso (an der Theke) 1 €

1 Cornetto vuoto (Croissant) 1,40 €

1 Bicchiere (Glas Wein) 3 €

1 Weizenbier 5 €

1 Pizza Prosciutto 9 €

1 Strandliege inkl. Schirm (1. Reihe, Saison) ca. 23 €/Tag

Karte. Abbuchung und schnellere Durchfahrt bei elektronischer Erfassung, z. B. mit Telepass (*adac-mautbox.de, toll tickets.com*) oder bip&go (*bipandgo.com*, bis 3,5 t). Maut kostet auch die Stilfser-Joch-Passstraße ab Trafoi. In Österreich brauchst du eine Autobahn-Vignette („Pickerl") für Pkw und Womo bis 3,5 t hzG, für schwere Wohnmobile (ab 3,5 t hzG) ist die GO-Box zum elektronischen Erfassen und Entrichten der Maut vorgeschrieben (*asfinag.at, go-maut.at*). Sie kann (rechtzeitig vor Reiseantritt) bei allen GO-Vertriebsstellen in Österreich bestellt und dort nach Gebrauch auch zurückgegeben werden.

Öffentliche Verkehrsmittel

In den Städten ist der Nahverkehr, meist mit Bussen, gut ausgebaut. Regionale Besonderheiten sind v. a. in Südtirol kommunale Seilbahnen, am Gardasee und in Venedig die Schiffsverbindungen und in Triest die Opicina-Schmalspurbahn Linie 2. Auf dem Land nehmen Netzdichte und Frequenz des ÖPNV von Nord nach Süd merklich ab, durchweg gut klappen die Verbindungen mit der Bahn (Trenitalia).

In Südtirol kannst du mit diversen **Gästekarten** (mobilCard, AlmenCard, Dolomiti Supersummer Card, Gardena Card, Klausen Card, Meran Card, Südtirol GuestPass Algund, Vinschgau Card und 3-Länder-Card) Züge, Busse und viele Seilbahnen kostenfrei nutzen. Am nördlichen Gardasee funktioniert so auch die Trentino Guest Card. Bei sonstigen kommunalen Vorteilskarten wie der Venezia Unica City Pass kannst du den ÖPNV meist dazubuchen.

Öffnungszeiten

Fast alle Geschäfte schließen über Mittag, übliche Öffnungszeiten sind Mo–Fr 9–12/13 und 15/16–19/20 Uhr sowie samstagvormittags, große Supermärkte auch 8–20 Uhr, oft sogar täglich. Museen meist 10–18 Uhr, Montag Ruhetag.

Parken, Abstellen & Freistehen

Parkplätze sind farbig markiert, kostenlos sind nur die weiß umrandeten. Blau bedeutet in der Regel mit Parkticket, Gelb steht für Anrainerparken und Gelbschwarz für absolutes Halteverbot.

Wildcampen ist nicht erlaubt, das Verbot wird vor allem in den Ferienregionen und an Stränden rigoros umgesetzt. Manche Kommunen bieten Stellplätze zum Ausruhen, aber oft nur für eine Nacht und ohne „Auspacken" (= keine Tische, Stühle, Vorzelte o. Ä.).

Sicherheit & Warnhinweise

Generell ist Italien ein sicheres Urlaubsland. Wie in den meisten Ländern gilt: Menschenmengen meiden (Taschendiebstähle), auf die Umgebung achten, nur das Nötigste am Leib (möglichst wenig Bargeld), keine Wertsachen im Fahrzeug lassen (weder sichtbar noch verdeckt), Fenster vollständig schließen, immer absperren.

Tanken

Kraftstoff kostet durchweg mehr als in Deutschland und Österreich, z. B. Diesel (Gasolino) zzt. 2,09 €/l (März 2022) oder Bleifrei Super 95 (Benzina senza piombo, Benzina verde) 2,14 €/l. Rund 20 Cent pro Liter kostet es mehr, wenn du „mit Service" (*servito*) tanken lässt. 24/7 an Tankautomaten, wo du 1) Geldschein eingibst oder Kreditkarte und Betrag wählst, 2) Zapfsäule nennst und 3) dort bis zum angegebenen Betrag tankst. Achtung: Erstattung eventueller Überzahlung ist oft schwierig. Tankstellen schließen häufig über Mittag, die (teuren) Autobahntankstellen sind durchgehend geöffnet.

Tempolimits & Verkehrsregeln

Tempolimits: Pkws und Womos bis 3,5 t hzG innerorts 50, Landstraße 90, Schnellstraße inkl. Brenner-Autobahn: 110, Autobahn 130 km/h; Womos 3,5–7,5 hzG: 50/80/80/100 km/h; Gespanne: 50/70/70/80 km/h.

Weitere Regeln: Abblendlicht auch untertags auf Autobahnen und außerorts. An Mautstellen ist Wenden und Rücksetzen verboten. In den Bergen haben Linienbusse stets Vorfahrt, sonst die bergwärts fahrenden Fahrzeuge. Im Kreisverkehr haben einfahrende Fahrzeuge Vorfahrt, außer Schilder regeln es anders. Die Promillegrenze liegt bei 0,0 (weniger als drei Jahre Fahrpraxis und alle unter 21 J.) bzw. 0,5 ‰. Telefonieren am Steuer nur mit Fernsprecheinrichtung. Nie die Hände vom Steuer nehmen, dafür drohen Fahrverbote!

REISEZEIT & WETTER

April bis November ist als Reisezeit immer zu empfehlen, fürs Skifahren in den Bergen November bis März, in Hochlagen sogar bis April. Generell ist es auf der Südseite der Alpen wärmer als im Norden. Im Mai etwa reichen die Temperaturen von 16 °C in Bozen über 20 °C in Lazise am Gardasee bis zu 22 °C in Triest, im August sind 30 °C und darüber keine Seltenheit. Dazu kommt trotz nass-kalter Winter durchweg ziemlich verlässlicher Sonnenschein, in Meran etwa 300 Tage pro Jahr.

Winterreifen & Schneeketten

Allgemeine Winterreifen- bzw. Schneeketten-Pflicht auf der Brenner-Autobahn bis Affi vom 15. Nov. bis 15. April, in ganz Südtirol bei winterlichen Straßenverhältnissen. Mit Schneeketten darf man max. 50 km/h fahren. Winterfahrverbote sind von Oktober bis März im Veneto in Gemeinden mit mehr als 30 000 Einwohnern möglich, u. a. für Dieselfahrzeuge Euro 0, 1, 2, 3 und 4.

Feste & Events

HISTORISCH RUDERN

Die Regata storica ist die wichtigste Regatta von Venedig und erinnert an die große Geschichte der Stadt

Februar/März

Carnevale di Venezia/Verona: Maskenbälle, Umzüge und Feuerwerk in Venedig und Verona

Insider-Tipp

Maskiert beim Engelsflug

Sei zehn Tage vor Aschermittwoch auf dem Markusplatz dabei, wenn der Volo dell'Angelo den Karneval in Venedig offiziell eröffnet.

Egetmann-Umzug: Archaischer Hochzeitszug der Traminer Männer am Faschingsdienstag in ungeraden Jahren; in geraden Jahren übernehmen die Kinder.

Mai/Juni

Festa della Sensa: Bootskorso an Christi Himmelfahrt in Venedig

Herz-Jesu-Feuer: Bergfeuer in ganz Südtirol am 1. So nach Fronleichnam

Filmfestival del Garda: Filme, Workshops, Musik ... drei Tage zum Monatswechsel in und um San Felice del Benaco (*filmfestivaldelgarda.it*)

Oskar-von-Wolkenstein-Ritt: Reitwettbewerb auf der Seiser Alm (*ovwritt.com*). Qualifikation Ende Mai auf Schloss Prösels, Mannschaftsturnier Anf. Juni in Völs am Schlern

Feste Vigiliane: Festwoche im Juni in Trient zu Ehren des Stadtpatrons St. Vigilius (*festevigiliane.it*), u. a. mit Flößerwettstreit und Maskentreiben

Mai–November

Biennale di Venezia: Internationale Kunstausstellung (*labiennale.org*) in Venedig, im Wechsel mit der Architektur-Biennale

Juli

Cardellata al chiar di luna: Sardinenfest in Garda mit Musik und abendlichem See-Feuerwerk

Sagra del pesce: Zehn Abende lang Fischfest in Chioggia

Juli–September

Arena Opera Festival: Opernfestspiele (*arena.it*) im römischen Freilicht-Amphitheater von Verona

August

Südtiroler Ritterspiele: Mittelalterfest (*ritterspiele.it*) auf der Churburg in Schluderns

September

Regata storica: Historischer Schiffskorso und Ruderregatta auf dem Canal Grande von Venedig am 1. So im Sept.

Sarntaler Kirchtag: Trachtenumzug, Volksmusik, Tanz und Markt am Wochenende in Sarn, Höhepunkt am Schutzengelsonntag (1. So im Sept.)

Oktober/November

Feste dell'Uva e del Vino: Weinfest in Bardolino (1. Wochenende im Okt.)

Barcolana: Zehntägiges Seglerfest in Triest

Castagnata sotto il Campanile a Barcis: Kastanienfest am 1. So im Nov. im friaulischen Barcis

Dezember

Mercatino di natale: Weihnachtsmarkt in allen großen und den meisten kleineren Orten von Brixen bis Triest

FEIERTAGE

1. Jan. Capodanno (Neujahr)

6. Jan. Epifania (Hl. Drei Könige)

Ostersonntag Pasqua

Ostermontag Pasquetta

25. April Liberazione (Tag der Befreiung vom Faschismus)

1. Mai Festa del Lavoro (Tag der Arbeit)

2. Juni Festa della Repubblica (Nationalfeiertag)

15. Aug. Ferragosta (Mariä Himmelfahrt)

1. Nov. Ognissanti (Allerheiligen)

8. Dez. Immacolata Concezione (Mariä Empfängnis)

25. Dez. Natale (Weihnachten)

26. Dez. Santo Stefano (Stephanstag)

Camper-Packliste

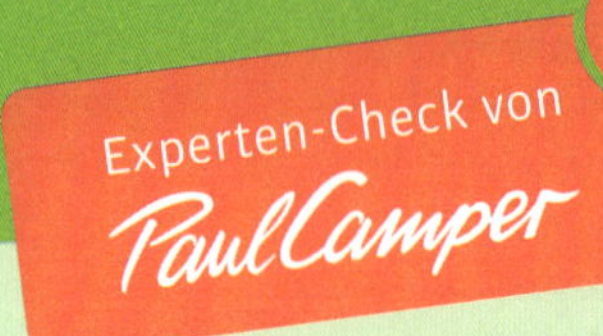

CAMPINGAUSRÜSTUNG

- ○ Gasflasche (und ev. Gasinhaltsmesser)
- ○ Frischwasserkanister
- ○ Abwasserschlauch
- ○ Kabeltrommel
- ○ Campingstromadapter
- ○ Auffahrkeile oder Holzbretter als Stütze
- ○ Sanitärflüssigkeit für Campingtoilette (falls vorhanden)
- ○ Toilettenpapier
- ○ Campingstühle und -tisch
- ○ Markise und Vorzelt
- ○ Heringe und Gummihammer
- ○ Handfeger und Schaufel
- ○ Decke und Kopfkissen, alternativ Schlafsack
- ○ Wäscheleine und -klammern
- ○ Campingleuchte oder Laterne
- ○ Taschenlampe oder Stirnlampe
- ○ Taschenmesser
- ○ Duct-Tape
- ○ Handwaschmittel
- ○ Mückenspray, Sonnencreme
- ○ Nagelset (inkl. Pinzette)

Zusätzlich

- ○ MARCO POLO Straßenkarte(n)
- ○ Grill (Koffergrill oder Gasgrill)
- ○ Hängematte
- ○ Decke
- ○ Kartenspiele
- ○ Mehrfachsteckdose
- ○ USB-Adapter für Zigarettenanzünder
- ○ Powerbank

SICHERHEITSAUSRÜSTUNG

- ○ Reiseapotheke
- ○ Verbandskasten (Ablaufdatum beachten)
- ○ Warndreieck und -weste (1 pro Person)
- ○ Feuerlöscher
- ○ Ersatzreifen
- ○ Wagenheber und Radkreuz
- ○ Ersatzkanister und Einfüllstutzen
- ○ Motoröl
- ○ Starthilfekabel
- ○ Abschleppseil
- ○ Werkzeugkasten
- ○ evtl. Ersatzglühbirnen und -sicherungen

CAMPINGKÜCHE

- ○ Küchenutensilien
- ○ Kühlbox (wenn kein Kühlschrank eingebaut)
- ○ Töpfe, Pfannen
- ○ Besteck inkl. Kochlöffel, Teller, Tassen, Gläser
- ○ (Brot-, Schneide-) Messer
- ○ Tupperdosen (für Reste)
- ○ Sieb
- ○ Reibe
- ○ Dosenöffner
- ○ Flaschenöffner, Weinöffner
- ○ Alufolie
- ○ Schere
- ○ Geschirrtücher, Spülmittel, Lappen, Küchenrolle
- ○ Topflappen
- ○ Müllbeutel
- ○ Kaffeekocher
- ○ Feuerzeug, Streichhölzer

NAHRUNGSVORRAT

- ○ Salz & Pfeffer, Gewürze (z. B. in kleinen Gläsern)
- ○ Öl, Essig
- ○ Kaffee, Tee
- ○ Müsli, Cornflakes
- ○ Brot, Aufstriche
- ○ Vorratslebensmittel (Nudeln, Reis, Linsen)
- ○ Gemüsekonserven: Tomaten, Mais, Kidneybohnen
- ○ Notration Essen (z. B. Dosenravioli)
- ○ Getränke

Fahrzeug-checkliste

Experten-Check von PaulCamper

LÄNGERFRISTIG

- ○ Gasprüfung gültig?
- ○ Grüne Versicherungskarte gültig?
- ○ HU/AU (Haupt- und Abgasuntersuchtung) gültig?
- ○ Auflaufbremse geprüft (Fachwerkstatt)

MITTEL- & KURZFRISTIG

- ○ Was tanken (Benzin/Diesel)?
- ○ Beladungsgrenze/-zustand?
- ○ Welche Reifen für die Destination nötig?
- ○ Winter- bzw. Sommerreifen montiert?
- ○ 12-V-Kabel vorhanden?
- ○ Profiltiefe der Reifen gecheckt?
- ○ Ölstand gecheckt?
- ○ Kühlmittelstand gecheckt?
- ○ Reifendruck gecheckt?
- ○ Öl, Kühlwasser und AUS 32/AdBlue bei Dieselmotor zum Nachfüllen vorhanden?
- ○ Ladezustand Starterbatterie und Wohnraumbatterie gecheckt?
- ○ Toilette an Bord und entleert?
- ○ Wassertank vorhanden und gefüllt?
- ○ Wasserpumpe funktioniert?
- ○ Gasvorrat vorhanden?
- ○ Markise/Sonnensegel/Regenalternative vorhanden?
- ○ Vorzelt nötig?
- ○ Wohnwagen: Elektrostecker funktionieren (Bremslichter und Co)?

VOR DER ABFAHRT

- ○ Dachluke geschlossen?
- ○ Fenster zu?
- ○ (Stand-)Heizung aus?
- ○ Markise eingefahren und gesichert?
- ○ Kühlschrank verriegelt und auf 12 V umgestellt?
- ○ Alles vom Tisch geräumt und gesichert?
- ○ Schubladen/Schränke sicher geschlossen?
- ○ Tische und Stühle sicher verstaut?
- ○ Herdabdeckung zu?
- ○ Gasventil geschlossen?
- ○ 230-V-Kabel getrennt und eingepackt?
- ○ Wasserpumpe abgeschaltet?
- ○ Abwassertank geschlossen?
- ○ Trittstufe eingefahren?
- ○ Stützen eingefahren und Keile verstaut?
- ○ Wassertankdeckel verschlossen?
- ○ Handbremse gelöst?
- ○ Heckgarage abgeschlossen?
- ○ Alle Mitfahrer inklusive Hund an Bord?

Dann kann's losgehen!

Camper-Wörterbuch Italienisch

Höflich sein

Hallo / Tschüss Salve / Ciao
Danke / Bitte Grazie / Prego
Entschuldigung Scusa / Scusi
Wie heißt du / Wie heißen Sie? Come ti chiami / Come si chiama?
Mein Name ist ... Mi chiamo ...
Wie geht es dir / Ihnen? Come stai / Come sta?

Beim Einkaufen

Bäckerei Panificio
Drogerie Drogheria
Einkaufszentrum Centro commerciale
Markt Mercato
Metzgerei Macelleria
Supermarkt Supermercato
Ich hätte gerne ... Vorrei ...
Wie viel kostet das? Quanto costa?
bar / Kreditkarte Contante / Carta di credito

Einkaufsliste

Alufolie Foglio di alluminio
Bier / Wein Birra / Vino
Brot Pane
Butter / Margarine Burro / Margarina
Essig / Öl Aceto / Olio
Eier Uova
Gemüse Verdura
Marmelade / Honig Marmellata / Miele
Milch Latte
Müsli Müsli
Nudeln / Spaghetti Pasta / Spaghetti
Obst Frutta
Käse Formaggio
Toilettenpapier Carta igienica
Wasser Acqua
Wurst / Fleisch Salumi / Carne

Gesund bleiben

Apotheke / Arzt Farmacia / Medico
Desinfizieren Disinfettare
Desinfektionsmittel Disinfettante
Durchfall Dissenteria
Fieber Febbre
Halsschmerzen Mal di gola
Kopfschmerzen Mal di testa
Krankenhaus Ospedale
Krankenwagen Ambulanza
Krankenversicherung Assicurazione sanitaria
Pflaster Cerotto
Schmerztabletten Analgesici

Unterwegs

Abschleppen Rimorchiare
Autobatterie Batteria per auto
Autobahn Autostrada
Baustelle Lavori in corso
Benzin (bleifrei) Benzina (senza piombo)
Bremslicht Luce di arresto
Diesel Diesel
Ersatzreifen Ruota di scorta
Führerschein Patente di guida

Getriebe Cambio
Luftdruck Pressione dell'aria
Maut Pedaggio
Öl Olio
Ölwechsel Cambio dell'olio
Panne Panne
Parkplatz Parcheggio
Reifen Gomma
Reifenschaden Guasto alla gomma
Sackgasse Strada cieca
Schotterstraße Strada sterrata
Starthilfekabel Cavo per avviamento tramite collegamento alla batteria
Strafzettel Multa
Tankanzeige Indicatore del livello di carburante
Tankstelle Distributore di benzina
Temperaturanzeige Indicatore di temperatura
Umleitung Deviazione
Wagenheber Cric
Warndreieck Triangolo
Wassertank Serbatoio dell'acqua
Werkstatt Officina
Werkzeug Attrezzo
Zoll Dogana

Auf dem Campingplatz

Abwasser Acqua di scarico
Batterie Batteria
Brennspiritus Alcol denaturato
Campingplatz Campeggio
Dosenöffner Apriscatole
Dusche Doccia
Elektroanschluss Allacciamento elettrico
Flaschenöffner Apribottiglie
Frischwasser Acqua fresca
Gabel Forchetta
Gasflasche Bombola del gas
Gaskocher Fornello a gas
Geschirrspülbecken Lavello
Grillen Grigliare
Grillkohle Carbonella
Hammer Martello
Hering Picchetto
Hunde erlaubt / nicht erlaubt Cani ammessi / non ammessi
Kerze Candele
Korkenzieher Cavatappi
Lagerfeuer Fuoco da campo
Leihen Noleggiare
Löffel Cucchiaio
Messer Coltello
Müll Rifiuti
Petroleumlampe Lampada a petrolio
Pool Piscina
Schlafsack Sacco a pelo
Schmutzwasser Acqua sporca
Sonnencreme Crema solare
Steckdose Presa di corrente
Streichhölzer Fiammifero
Strom Corrente elettrica
Stromanschluss Allacciamento alla rete elettrica
Taschenlampe Torcia elettrica
Taschenmesser Coltellino
Toilette Toilette
Trinkwasser Acqua potabile
Vorzelt Veranda
Wäscheklammer Molletta
Wasser (kalt / warm / heiß) Acqua (fredda / calda / molto calda)
Wasseranschluss Allacciamento dell'acqua
WLAN Wi-Fi
Wohnmobil Camper
Wohnwagen Roulotte
Zelt Tenda
Zeltstange Palo della tenda
Zeltschnur Tirante della tenda

Urlaubsfeeling

Playlist

▶ **Toto Cotugno – L'italiano**
Hier singt der „wahre Italiener", mit Refrain zum Mitsingen für alle.

▶ **Kastelruther Spatzen – Rose von Südtirol**
Deutschsprachiger Heimatsong der populären Volksmusik-Gruppe

▶ **Wolfi Huber – Gardasee**
Schmissige „Jugendsünde" des Münchner Liedermachers

▶ **Gigliola Cinquetti – Alle Porte del Sole**
Sonniger Evergreen der Veroneser Sängerin, ein Hit auch mit deutschem Text

---

▶ **Batistococo – Acqua Alta**
Humorig: Hochwasser in Venedig in karibischen Rhythmen

▶ **Elisa Toffoli – Ancora qui**
Song der Triester *Cantautrice* aus dem Tarantino-Film „Django unchained"

Den Soundtrack zum Urlaub gibt's auf **Spotify** unter **MARCO POLO Italy**

Lesestoff & Filmfutter

Das Delta – Witzig, mitreißend und mit Sprachraffinesse erzählt der Südtiroler Autor Kurt Lanthauer die Geschichte von Fedele Conta Mamai. In dem 2007 erschienenen Schelmen- und Entwicklungsroman geht es um Aalwildern im Po-Delta, Dammbau in den Bergen und die wirklich wichtigen Dinge des Lebens.

Milde Gaben – Seine Karriere als Publikumsliebling in Print und Film begann mit „Venezianisches Finale", im Jahr 2022 löst Donna Leons Commissario Guido Brunetti bereits seinen 31. Fall in der Lagunenstadt. Schöner Schein, menschliche Abgründe – und viel Lokalkolorit.

Bitterer Reis – Furore machte 1949 der geschürzte Rock von Silvana Mangano, dabei geht es in dem Filmklassiker des italienischen Neorealismus von Regisseur Giuseppe De Santis um den Arbeitskampf der Arbeiterinnen auf den Reisfeldern im Schwemmland des Po.

Luis Trenker – Der schmale Grat der Wahrheit – Biopic von 2015 über die Südtiroler Bergsteigerlegende, mit Tobias Moretti in der Hauptrolle, gedreht in den Dolomiten und rund um Meran.

Apps, Blogs, Websites & Videos

park4night.com
App zur Stellplatzsuche, besonders bequem für die schnelle Übernachtung zwischendurch. „Geprüfte Qualität", da Eintragungen durch die Camper-Community

pincamp.de
Umfangreicher Online-Camping-Führer des ADAC, Infos auch zu Plätzen in Südtirol, Venetien und am Gardasee, inkl. Reservierungsanfrage

lagodigardacamping.com
Zusammenschluss von 19 Campingplätzen am südlichen Gardasee. Site mit praktischer Such- und Buchfunktion, u. a. für behindertengerechte Angebote, Glamping oder extra große Maxi-Stellplätze

veneziaunica.it/de
Stadtplanung für Venedig-Besucher, von Detourism-Alternativrouten bis zum Venezia Unica City Pass

Komoot Fahrrad & Wander Navi
Die Outdoor-App mit Tourenplattform bietet Inspiration, Planen, Navigation und digitales Teilen für Wanderer, Radfahrer, Kletterer und Läufer.

Adac.de/reise-freizeit/maut-vignette/italien
Informationen zur Mautpflicht und Mautrechner für Pkw, Gespanne und Womos

campingsuedtirol.com
Site und App der Vereinigung der Campingplatzbetreiber Südtirols

WEGTRÄUMEN?

Mit Playlist, Lesestoff und Filmen den Urlaub aufleben lassen.

Notizen

Register

Stell- & Campingplätze

Tour A

Tour B

Tour C

Tour D

Tour E

Tour F

Impressum

Titelbild: Camper am Karerpass in den Dolomiten (mauritius images: Matthias Pinn)

Fotos: Camping Bergamini (98); DuMont Bildarchiv: Frank Heuer (35, 42, 70), Michael Riehle (90); Fornella Camping & Wellness Family Resort srl (6, 102); iStock.com: anyaberkut (188/9), apomares (203), Bee-individual (204), Koldunov (209); laif: Hans-Bernhard Huber (72); mauritius images: Bruno Kickner (117), Manfred Kostner (32), Peter Lehner (48), Matthias Pinn (83), Peter Weimann (18/19); mauritius images/Alamy/Alamy Stock Photos: Sandro Luini (184), Mauro Toccaceli (31); mauritius images/imageBROKER: Kami (8); mauritius images/Norvac Images: Dennis Schmelz (55); mauritius images/Panther Media GmbH/Alamy/Alamy Stock Photos (46); mauritius images/Pitopia: Christa Eder (28); mauritius images/Westend61: Lisa und Wilfried Bahnmüller (39); Picture-Alliance/dpa: Karl-Josef Hildenbrand (193); Picture-Alliance/Westend61: Markus Hermenau (92); San Francisco Camping Village (84); Elisabeth Schnurrer (36, 44, 68, 76, 94, 106, 134, 142, 150, 171, 178, 182); Fred Schöllhorn (215); Shutterstock.com: Karl Allgaeuer (40), Aliaksandr Antanovich (108, 122), Salvador Aznar (27), Catarina Belova (126), bernioo04 (186), S. Candide (113), cge2010 (60), Vladimir Daragan (130), DisobeyArt (4/5), engel.ac (152), FooTToo (22), Maykova Galina (168), Gimas (114), Danny Iacob (88), lapas77 (50), Benedikt Juerges (59), Metej Kastelic (16), Elena Krivorotova (136), Frank Lambert (64), Luca Lorenzelli (129), Andrea Mangoni (120), Maples Images (174), Tomas Marek (156), Alberto Masnovo (141), MC MEDIASTUDIO (87), Miti74 (15), MoLarjung (167), Stefy Morelli (147), PHOTOMDP (200), Gianluca Piccin (172), pisaphotography (155), pointbreak (148), Rasto SK (78), Risen20019 (Klappe hinten innen), saiko3p (96), Sarah2 (66), Vladimir Sazonov (56, 118), S-F (160), StevanZZ (11, 132), Stefano Termanini (100), Michael Ting (12), travelpeter (158), travelview (124), Umomos (17, 74), xbrchx (Klappe innen, 104, 163, 176, 180), Sadik Yalcin (62)

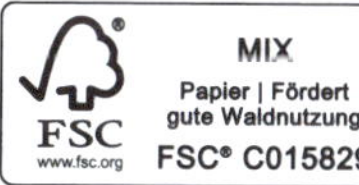

1. Auflage 2022

Autorin: Elisabeth Schnurrer
Lektorat & Bildredaktion: Ronit Jariv, derschönstesatz
Kartografie: © MAIRDUMONT, Ostfildern, unter Verwendung von Kartendaten von OpenStreetMap, Lizenz CC-BY-SA 2.0
Gestaltung Umschlag & Layout: Sofarobotnik, Augsburg & München
Übersetzung Camper-Wörterbuch: Baltic Media

Printed in Italy

Lob oder Kritik? Wir freuen uns auf deine Nachricht!

Trotz gründlicher Recherche schleichen sich manchmal Fehler ein. Wir hoffen, du hast Verständnis, dass der Verlag dafür keine Haftung übernehmen kann. Wir freuen uns aber, wenn du uns schreibst: MARCO POLO Redaktion • MAIRDUMONT • Postfach 31 51 • 73751 Ostfildern • info@marcopolo.de

MARCO POLO AUTORIN
Elisabeth Schnurrer
Schuld war das Zelt. Nicht das wackelig aufgebaute, spitz zulaufende Zweimannzelt im Garten hinterm Haus, sondern das überwältigende sternenfunkelnde Himmelszelt darüber, das die Reiseautorin Elisabeth Schnurrer schon als Kind zum Camping-Fan machte. Das Zelten hat sich seitdem verändert, die Freude daran blieb – in der Jurte am mongolischen Ufer des Khövsgol-Sees, im Dachzelt am Rand der Namib, beim Glamping im kanadischen Elk Island National Park und ebenso auf den vielfältigen norditalienischen Campingplätzen in Südtirol, am Gardasee und in Venetien.

Bloß nicht ...

Mittags auf Shopping-Tour gehen

Das klappt nicht, denn etwa ab dem Mittagsläuten bis 15 oder 16 Uhr sind zumindest die kleinen Läden, die Boutiquen und Büros geschlossen. Dann ist Siesta, die Menschen essen und ruhen. Dafür geht es später länger.

BEIM PARKEN FARBENBLIND SEIN

Sehr teuer kann es es für motorisierte Verkehrsteilnehmer werden, ein gelbschwarz markiertes absolutes Halteverbot zu missachten, auch Gelb ist für Privatleute tabu. Blaue Streifen kennzeichnen kostenpflichtige Parkplätze, weiße meist kostenlose. Aber parke unbedingt innerhalb der weißen Markierung – und zwar mit allen vier Rädern!

Über Gott und die Welt diskutieren

„Die Welt" heißt in diesem Fall: Familie, Politik, der Papst und die Mafia. Das sind Themen, die du in einem ersten – und zweiten und dritten – Gespräch mit Einheimischen ausklammern solltest, wenn ihr Freunde werden wollt.

IM STRAND-OUTFIT IN DIE KIRCHE GEHEN

Religion ist in Italien eine ernste Sache. Wenn du eine Kirche betrittst, solltest du auf ordentliche und angemessene Kleidung achten. Schultern und Bauchnabel müssen auf jeden Fall bedeckt sein, Knie möglichst auch, langärmlig ist sicher nicht verkehrt, mit Schuhen wird vorausgesetzt. Kopfbedeckungen werden abgenommen, Frauen könnten einen Schal oder ein Tuch überwerfen. Ebenfalls ein No-Go ist Eis oder sonstiges Essen in der Kirche, schlimmer wären höchstens noch Telefonate oder Fotografieren während einer Messe.

Heimische Restaurant-Sitten importieren

Das heißt im Schnelldurchlauf: Nicht gleich auf den nächsten freien Stuhl fallen lassen, sondern warten, bis einem ein Tisch zugewiesen wird. Pasta ist ein eigenes Gericht, keine Beilage zu Fleisch oder Fisch. Der Kaffee nach dem Essen ist in Italien immer ein Espresso. Gezahlt wird alles zusammen, eine Person übernimmt die gesamte Rechnung. Wer mag, kann die Summe nachträglich auf alle Personen aufteilen. Oder man zahlt halt reihum.